prag

STADTABENTEUER

RENATE ZÖLLER

1

2

3

4

5

6

7

8

Michael Müller Verlag

DIE AUTORIN:

+ + + R E N A T E Z Ö L L E R + + + 1971 BEI KÖLN GEBOREN +++ STUDIUM DER OSTEURO- PÄISCHEN GESCHICHTE, GERMANISTIK UND SLAWISTIK IN KÖLN, ST. PETERSBURG UND PRAG +++ ARBEITETE 1.5 JAHRE IN MOSKAU FÜR EIN KUNSTLOGISTIK-UNTER- NEHMEN +++ DANACH VOLONTARIAT UND REDAKTEURS- STELLE BEI DER PRAGER ZEITUNG +++ LEBTE 6.5 JAHRE IN PRAG +++ SEIT 2008 FREIE JOURNALISTIN UND AUTORIN, SCHWERPUNKT MITTELOSTEUROPA +++

PRAG IST EINE STADT für Nostalgiker und Romantiker. Die engen, holprigen Gassen, die vielen Architekturschätze und die reiche Geschichte locken jährlich Millionen Besucher. Aber die touristischen Highlights sind nur die Fassade. Dahinter steckt eine Stadt, die sich gerade selbst wiederent- deckt. Die Prager, die lange den Gästen aus dem In- und Ausland Platz gemacht haben, holen sich ihren Kiez zurück, mit Bürgerinitiativen, Farmermärkten, Kunst- und Party-Projekten. Um die kennenzuler- nen, musste ich mich von den gängigen Pfaden lö- sen. Die Stadtabenteuer führten mich zum Prag der Prager. Ich schwamm beim Saunaboot in der Mol- dau. Ich lernte, böhmisch zu kochen, und baute mir selbst eine Marionette. Und im Schwarzen Ochsen aß ich das Beef Jerky der Stammgäste. Prag ist nicht nur schön, es ist auch liebenswert.

Renate Zöller,
Prag – Stadtabenteuer

DER HERAUSGEBER:

WIE NÄHERT MAN SICH EINER WELTSTADT MAL ANDERS?

Dieser Gedanke sprang mir regelrecht in den Sinn, als meine Frau Berit und ich im Honeymoon in Amsterdam unterwegs waren. Wir wollten die Stadt wirklich kennenlernen. Nicht über Sehenswürdigkeiten, sondern durch Erlebnisse.

So entstanden die *Stadtabenteuer*: acht Bücher zu acht Metropolen, von denen ich selbst eines schreiben durfte (den Band zu Hamburg). Als Berit schließlich die Grafik dieser neuen Reihe erfand, ergab sich alles andere von selbst.

Mindestens die Hälfte der in dieser Reihe beschriebenen Erlebnisse sind kostenlos oder günstig (12 Euro oder weniger), einige familienfreundlich, wobei man sie selbstverständlich auch allein, zu zweit oder mit Freunden unternehmen kann. Sie spielen in bekannten Stadtteilen. Nur im letzten Kapitel geht es ein wenig weiter raus.

Dass ausgewählte reisepraktische Tipps und die wichtigsten Sights und Spots hinzukamen (»Wenn man schon mal hier ist«), versteht sich von selbst, wenn man für Michael Müller schreibt: den Verleger für alternative Reiseführer.

Matthias Kröner,
Herausgeber der *Stadtabenteuer*
und Reisebuchautor

3

4

5

6

6

7

8

+++ PRAG IST DAS ZENTRALISTISCHE HERZ TSCHE-
CHIENS +++ DIE MOLDAU ZIEHT SICH ÜBER 31 KILO-
METER MÄANDERND QUER DURCH DIE STADT +++
15 GROSSE BRÜCKEN VERBINDEN IN PRAG IHRE UFER
+++ IM STADTGEBIET UMFLIESST SIE 7 INSELN +++
PRAG HAT EINE FLÄCHE VON RUND 496 QUADRATKILO-
METERN +++ DERZEIT LEBEN CA. 1.3 MIO. MENSCHEN
HIER. ETWA 184.000 DAVON IM AUSLAND GEBOREN +++
DIE KARLSUNIVERSITÄT IST DIE ÄLTESTE UNIVER-
SITÄT MITTELEUROPAS UND MIT ÜBER 50.000 STU-
DENTEN DIE GRÖSSTE TSCHECHIENS +++ PRAG LEBT
VOM TOURISMUS +++ ÜBER 21 MIO. ÜBERNACHTUNGEN
ZÄHLT DIE STADT JÄHRLICH +++

WENN MAN IN **PRAG** ANKOMMT:

Mitten im Zentrum liegt der Hauptbahnhof. Von hier
aus fahren die Metrolinie C und die Tramlinien 1, 5, 7, 9,
11, 15 und 26. Die Metrolinien A und B sind nur eine Station entfernt. Gemeinsam decken die drei Metrolinien
alle Bereiche der Stadt ab.

Wer mit dem Flieger in Prag ankommt, kann mit einem
32-Kronen-Ticket entweder den Bus Nr. 179 bis zur Metrolinie A (Nádraží Veleslavín) nehmen oder den Bus
Nr. 100 zur Metrolinie B (Station Zličín). Der Bus Nr. 191
fährt durch bis zum Busbahnhof Na Knížecí mit Eingang
zur Metrostation Anděl, Linie B. Im Flughafen werden
die Tickets am Schalter »Metro, Tram, Bus« verkauft.
Der Airport-Express AE fährt direkt zum Masarykovo Na-
draží (Metro B), zum Náměstí Republiky (Metro B) und
zum Hauptbahnhof, kostet aber 80 Kronen. Zurück zum
Flughafen fährt der Express-Bus nur ab Hauptbahnhof.

UNTERWEGSSEIN in Prag klappt sehr gut mit öffentlichen Verkehrsmitteln. Es gibt **drei Metrolinien**, die alle drei den Wenzelsplatz kreuzen (siehe auch Kasten links unten). Die letzte Metro fährt um 0 Uhr am Stadtrand los. Wo die Metro nicht hinkommt, gibt es ein extrem gut ausgebautes **Bus- und Tramnetz**. Mit **Nachtbussen** und **-trams** kommt man auch zu später Stunde in fast jeden Winkel der Stadt. 60 Minuten Fahrt in eine Richtung kosten 24 Kronen, **90 Minuten** mit Umsteigen oder mehreren Verkehrsmitteln **32 Kronen**. Für ein **24-Stunden-Ticket** zahlt man **110 Kronen**, für ein **72-Stunden-Ticket 310 Kronen**. Gezählt wird jeweils ab dem Moment, wo Sie in der Tram oder am Metroeingang das Ticket abstempeln.

IN TSCHECHIEN WIRD nach wie vor in tschechischen Kronen gezahlt, Euro werden in der Regel nicht akzeptiert. Der **Wechselkurs** liegt in etwa bei 25 Kronen für 1 Euro. Überall im Zentrum findet man Wechselstuben, der Kurs ist teilweise günstiger als bei Kartenabhebung. Doch Achtung, manchmal werden sehr hohe Gebühren für den Umtausch verlangt. Dadurch ist das Abheben etwa mit einer **Maestro-Karte** in der Regel günstiger und verlässlicher. Um sicherzugehen, sollten Sie allerdings die Bankautomaten renommierter Häuser wie der Česká Spořitelna (Tschechische Sparkasse) oder der Komerční banka (Kommerzbank) wählen.

1
ALTSTADT UND JÜDISCHES VIERTEL (STARÉ MĚSTO UND JOSEFOV)

+++ ERLEBEN +++

EIN BUMMEL durch den ältesten Teil Prags ist wie das Eintauchen in ein (allerdings ziemlich überfülltes) Architekturmuseum. Der ab dem 11. Jahrhundert besiedelte Stadtteil blieb im Zweiten Weltkrieg von Bombardierungen verschont, und so reihen sich prächtige Gotik- an Renaissance- oder Jugendstilfassaden. Erhalten blieb auch die Josefstadt, benannt nach Kaiser Josef II. Schon im 10. Jahrhundert lebten hier Juden. Die Blütezeit des Ghettos war im 16. und 17. Jahrhundert. Es wurde ab 1848 aufgelöst, der größte Teil bis 1913 abgerissen und nach Pariser Vorbild neu aufgebaut.

MÁNESŮV MOST 16

DER TREPPENAUFSTIEG ZUR ERKENNTNIS

KARLSBRÜCKE

20

IM GROSSEN KÜHLSCHRANK

KARLOVY LÁZNĚ T

MOST LEGIÍ

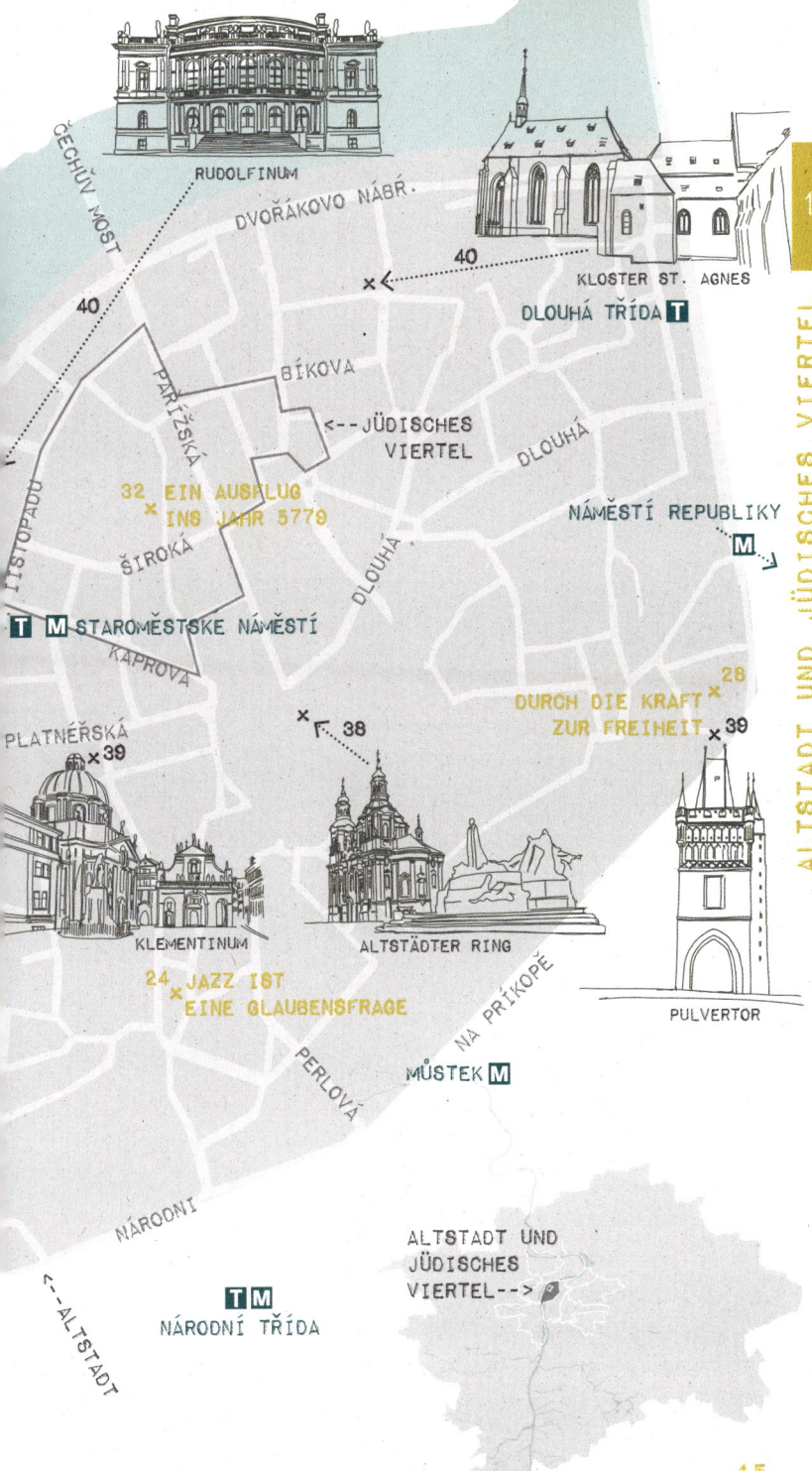

RUDOLFINUM

ČECHŮV MOST

DVOŘÁKOVO NÁBŘ.

40

KLOSTER ST. AGNES

DLOUHÁ TŘÍDA **T**

BÍKOVA

<-- JÜDISCHES VIERTEL

PARÍŽSKÁ

DLOUHÁ

32 EIN AUSFLUG
× INS JAHR 5779

NÁMĚSTÍ REPUBLIKY **M**

LISTOPADU

ŠIROKÁ

DLOUHÁ

T **M** STAROMĚSTSKE NÁMĚSTÍ

KAPROVA

28
DURCH DIE KRAFT ×
ZUR FREIHEIT × 39

PLATNÉŘSKÁ
× 39

× ┌ 38

KLEMENTINUM

ALTSTÄDTER RING

PULVERTOR

24 × JAZZ IST
EINE GLAUBENSFRAGE

NA PŘÍKOPĚ

PERLOVÁ

MŮSTEK **M**

NÁRODNI

ALTSTADT UND
JÜDISCHES
VIERTEL--> ◊

<--ALTSTADT

T **M**
NÁRODNÍ TŘÍDA

ALTSTADT UND JÜDISCHES VIERTEL

1

DER TREPPENAUFSTIEG ZUR ERKENNTNIS

EIN SPAZIERGANG DURCH DAS KUBISTISCHE PRAG

JÜDISCHES VIERTEL-->

ALTSTADT--> ⊠ TM STAROMĚSTSKE NÁMĚSTÍ

+ + + S T E C K B R I E F + + +
+++ WO? AUSGANGSPUNKT AM LINKEN BRÜCKENKOPF DER MÁNES-BRÜCKE. ENDE IN VYŠEHRAD +++ METRO STAROMĚSTSKÁ ODER TRÁM 2/17/18 STAROMĚSTSKÁ +++ WANN? NACH ABSPRACHE +++ TEL. 702 012 048 +++ STADTFUEHRUNGPRAG.COM +++ WIE LANGE? 2 BIS 4 STUNDEN +++ WIE VIEL? BEI 1-6 PERSONEN 25 EURO UND BEI 7-12 PERSONEN 30 EURO PRO STUNDE +++

HUNDERTE MALE bin ich schon an ihr vorbeige-
laufen, aber gesehen habe ich sie noch nie, die kubistische Fontäne im linken Brückenkopf der Mánes-Brücke.
Sie liegt gleich neben der Treppe, etwas versteckt im Ge-
büsch. Vladimír Handlíř wartet schon, freundlich und ge-
duldig, als wir den Ausgangspunkt für unsere Führung
durchs kubistische Prag endlich finden. Emanuel Halman
habe die Fontäne 1914 errichtet, steigt Handlíř gleich
ein. Sie sieht so aus, als ob das Wasser schon lange nicht
mehr sprudelt.

Kubismus gibt es als Kunstrichtung auch anderswo. Aber
nur in Tschechien wurde er konsequent auch auf die
Architektur angewandt. Vier Stunden nimmt sich Handlíř
heute Zeit, um uns, einer Gruppe von 12 Deutschen, die
Highlights zu zeigen. Es sind ein paar echte Juwelen dabei,
verspricht er. Und noch mehr ungeschliffene Diamanten.

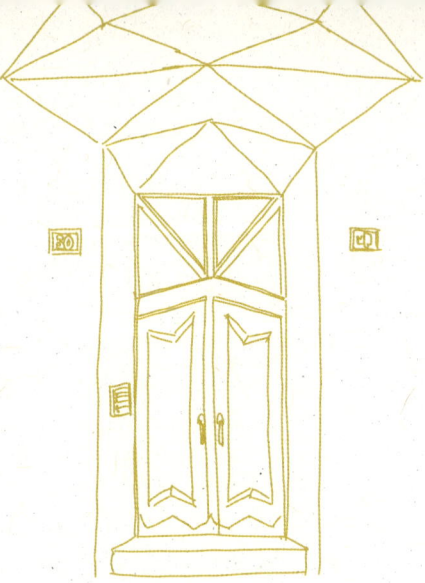

WIR LAUFEN ZUM PLATZ der Madame Curie. Dort steht ein großer Komplex: zwei Reihenhäuser und ein Eckhaus in einheitlichem Stil. 1918–21 wurde er von Otakar Novotný gebaut. Handlíř kann daran sehr gut alle wichtigen Kubismus-Elemente erklären: die zackigen Giebel, die Toreingänge mit dem Gitter, Erker im Schachbrettmuster – selbst die Fensterrahmen erweisen sich als kubistisch, wenn man sie mit Handlířs Hilfe genau betrachtet. Weiter geht's zum Brunnen an der Ecke des Altstädter Rings. Die verschlungenen Delfine sind zwar stilistisch der Neurenaissance zuzuordnen, aber das Gitter um sie herum gestaltete Josef Chochol 1912 im Stil des Kubismus. Auch das Eckhaus in der Neklanova-Straße und die Villa Kovařovič in Vyšehrad hat Chochol gebaut, kündigt Handlíř an. Die werden wir später ebenfalls sehen. Jetzt aber laufen wir zunächst zum Haus zur Schwarzen Muttergottes. Josef Gočár hat es 1911/12 errichtet, eine absolute Ikone des Kubismus, durchgestylt bis hin zu den Lampen an der Decke. Besonders fasziniert mich das Treppenhaus zum Kubismus-Museum in der 2. und 3. Etage. Es ist in der Form einer Glühbirne gestaltet, das runde Glasdach dient als Leuchtkörper. Der Weg zur Erkenntnis aus Sicht eines Fortschrittsgläubigen!

NICHT ALLEN KUBISMUS-TEMPELN wird derart gehuldigt. Je weiter wir das touristische Zentrum hinter uns lassen, desto weniger scheinen die Prager ihr kubistisches Erbe wertzuschätzen. In der Spálena-Straße am Diamant-Haus von Králíček mit einem kubistischen Bogen um die barocke Nepomuk-Statue blättert der Putz ab. Mit der Tram fahren wir zum Stadtteil Vyšehrad, sozusagen zur Experimentierfläche von Josef Chochol. Gleich vier Häuser sind erhalten. Ein Wohnhaus steht an einer sehr stark befahrenen Ecke, ein anderes ist nur von der gegenüberliegenden Straßenseite zu erkennen. Die angekündigte Villa Kovařovič ist renoviert, steht aber derzeit leer – wahrscheinlich, weil der Lärm der extrem befahrenen Uferstraße Podskali nicht auszuhalten ist. Aber, da sind wir uns einig, gerade der ungeschliffene Zustand macht diese Diamanten für uns zu besonders kostbaren Funden. Als sich Vladimir Handlíř verabschiedet, sind wir glücklich und erschöpft. Auf dem Heimweg überlegen wir: Wie viele Stufen sind wir heute wohl auf der Treppe der Erkenntnis aufgestiegen?

WENN MAN SCHON MAL HIER IST:

Die Tour endet direkt unterhalb der **Burganlage Vyšehrad** (siehe S. 234) ▢→ und des witzigen, sehr improvisierten **Biergartens Hospůdka na hradbách** (Vratislavova 24). Im Viertel selbst lohnt ein Blick in die kleine, wählerische **Galerie Pecka** (Vratislavova 24). Einen einzigartigen romantischen Innenhof an der Festungsmauer hat das **Café Čekárna** (Vratislavova 8). Aber auch die **Naplávka** (siehe S. 74) ist nur wenige Schritte entfernt ...

IM GROSSEN KÜHLSCHRANK

AUF EINEN COCKTAIL IN DER EISBAR

JÜDISCHES
VIERTEL-->

ALTSTADT-->

T KARLOVY LÁZNĚ

+ + + S T E C K B R I E F + + +
WO? NOVOTNÉHO LÁVKA 5 +++ EINGANG IN DER UN-
TERFÜHRUNG NEBEN DER KARLSBRÜCKE +++ TRAM 2/
14/17/18 KARLOVY LÁZNĚ +++ WANN? TÄGLICH
12-21 UHR +++ WIE LANGE? 20 MINUTEN. EIN
COCKTAIL INKLUSIVE +++ ICEPUBPRAGUE.CZ
+++ WIE VIEL? 200 KRONEN +++ WICHTIG! AB
21 UHR EINTRITT DURCH DEN CLUB KARLOVY LÁZNĚ.
300 KRONEN FÜR CLUB UND EISBAR +++

GÜNSTIG. FAMILIENFREUNDLICH

NIX WIE INS KÜHLE! Hochsommer, Prag ist eine riesige Sauna – und wir haben erfahren, wo es ein Eisbecken gibt. Der schmale Eingang zu Prags Ice Pub liegt etwas versteckt in der Unterführung gleich neben der Karlsbrücke. Eine gelangweilte Kassiererin nimmt wortlos das Geld entgegen. Schnell füllt sich unsere rote Wartebank auf 20 Personen. Als ein Mann im Schneeanzug auf uns zukommt, wird mir doch ein wenig mulmig in meiner kurzen Hose und dem T-Shirt. Ich ziehe lieber die eben gekauften bunten Socken an. Das Pärchen neben mir lacht mich freundlich aus. Sieht auch wirklich bescheuert aus in den Sandalen. Aber der dicke silberne Isolierumhang mit Kapuze, den uns der Vermummte reicht, wirkt auch nicht gerade vorteilhaft. Da werden wir schon zur überdimensionalen Kühlschranktüre gewunken.

»DAS IST DAS ENDE der Zivilisation«, sagt meine Freundin Karolina beim Eintreten in die bläulich leuchtende Iglubar, und wir bekommen einen Lachanfall. Minus sieben Grad und alles, wirklich alles ist aus Eis. Die Wände und das Heineken-Logo, das Wappen Tschechiens mit dem steigenden, zweischwänzigen Löwen, die Treppe und das Geländer hinunter zur Bar, von der Bar selbst und der Theke ganz zu schweigen. Wir fotografieren uns vor dem grimmigen Golem, dessen Herz aus dem Inneren leuchtet. Angst kann er uns aber keine machen, denn dieser Eiskamerad wurde definitiv nicht von Rabbi Löw geschaffen, sondern, wie das ganze gefrorene Interieur, vom Čermák design Büro.

Als sich das Gedrängel an der Bar etwas lichtet, stellen auch wir uns für den versprochenen Cocktail an. Der Kellner im Eskimo-Look bietet uns drei Drinks zur Auswahl: grün, dunkelorange oder gelb. Orangensaft mit Blue Curaçao, Campari oder Wodka. Ich entscheide mich für grün, Karolina für orange. Der Barkeeper erinnert uns an die Handschuhe, die wir eingangs bekommen haben. Die viereckigen Whiskeygläser würden sonst schnell die Finger blau frieren – sie sind aus Eis.

»ICE ICE BABY«, singt *Vanilla Ice* im Hintergrund, und dazu zoomen und klicken die Kameras im Takt. Pärchen lassen sich von anderen Gästen vor dem leuchtenden Herzen fotografieren – das Herz, wie Václav Havel es immer hinter seinen Namen malte. Viele machen Selfies an den Eis-Bartischen mit bunten Cocktails, und alle müssen einmal auf dem eisigen, herrschaftlichen Thron gesessen haben. Jemand hat freundlicherweise ein Fell daraufgelegt, damit die Blase nicht leidet.

Tatsächlich dringt nämlich langsam die Kälte durch. Die Umhänge reichen knapp bis über den Po. Gänsehaut überzieht die nackten Beine. Ein paar Frierende beschließen, sich gegen das Bibbern noch einen Cocktail für 150 Kronen zu kaufen. Freiwillig versammeln sich nach und nach alle vor dem Ausgang. Neben mir taucht die Banknachbarin von vorhin wieder auf. Sie gesteht mir lachend, dass sie jetzt doch sehr neidisch auf meine Socken ist. 20 Minuten, das schien uns ursprünglich lächerlich kurz. Aber eigentlich reicht es völlig aus. Höchste Zeit für den nächsten Saunagang in der Innenstadt.

WENN MAN SCHON MAL HIER IST:

Auf keinen Fall darf man weggehen, ohne der **Karlsbrücke** (siehe S. 106) einen kleinen Besuch abgestattet und vielleicht die tolle Aussicht vom **Altstädter Brückenturm** (siehe S. 106) genossen zu haben. Von hier kann man gut einen Abstecher ins **Klementinum** □→ (siehe S. 39) machen.

JAZZ IST EINE GLAUBENSFRAGE

EIN BESUCH IN DER JAZZ REPUBLIC

JÜDISCHES VIERTEL-->

ALTSTADT-->

[TM] NÁRODNÍ TŘÍDA

+ + + S T E C K B R I E F + + +
WO? JÍLSKÁ 1A +++ METRO B UND TRAM 1/2/9/18/
22/23/25 NÁRODNÍ TŘÍDA +++ WANN? TÄGLICH
21.15-23.45 UHR +++ WIE LANGE? CA. 3.5 STUN-
DEN +++ WIE VIEL? UNTER DER WOCHE EINTRITT
FREI! AM WOCHENENDE 250 KRONEN. EIN BIER
KOSTET 75 KRONEN +++ JAZZREPUBLIC.CZ +++

DAS KLEINE KELLERGEWÖLBE der Jazz Republic ist rappelvoll. Seit acht Uhr sind die Gäste eingetrudelt, darunter eine Schulklasse. Aber es finden sich immer noch Lücken. Zwei Chinesinnen setzen sich zu uns an den Tisch, am Nachbartisch wird für einen langhaarigen tschechischen Studenten zusammengerückt. Pünktlich um 21.15 Uhr schlängeln sich vier Männer auf die Bühne, mit einem sanften Beat legt das *Prague Jazz Ensemble* los. Im sozialistischen Prag war Jazz eine Glaubensfrage. Man traf sich in verrauchten Gewölben bei schummrigem Licht und billigem Bier – dazu Konzerte mit Weltstars wie Jiří Stivín, Karel Růžička oder Milan Svoboda. Aber ab den 90ern wurde die Musik immer touristentauglicher und der Eintritt für viele tschechische Intellektuelle zu teuer. Falsch!, findet Jiří Londin: »Jazz ist für alle da.« Deshalb ist in seinem Club unter der Woche der Eintritt frei.

DAS ZEMSKÝ BIER ist echt süffig. Es kommt von einer Prager Dominikaner-Brauerei. Nachschub muss her, und das nicht nur an unserem Tisch. Immer mal wieder steht jemand auf, um an die Bar zu gehen. Die Preise für die Getränke sind saftig. Hier wird offenbar der Eintrittspreis wieder reingeholt. Aber es gibt keinen Mindestverzehr. So zahlt nur, wer will und kann.

Die Kellnerin zapft das Bierglas schön voll und wird dafür gleich vom Chef angeraunzt. Ein Charmebolzen ist Jiří Londin nicht gerade. Die Frau im Spaghetti-Top neben mir ist immer noch sprachlos. »So geht man nicht in einen Jazzclub!«, hat er ihr verpasst. Die Prager verzeihen ihm solche Marotten, denn Londin ist ein Jazz-Guru in der Stadt. Seit 1991 organisiert er Konzerte, erst im legendären Reduta und später im Club Ungelt. Er kennt all die Stars Tschechiens, und sie alle kommen in das schummrige Kellergewölbe. Acid Jazz, Blues, Funk etc. – Tabus gibt es keine, alle Stilrichtungen sind willkommen. Hauptsache, es ist originell. Londin mag am Jazz vor allem die Improvisation: »Nichts wiederholt sich, es ist nie dasselbe.«

DAS PRAGUE JAZZ ENSEMBLE macht heute Abend diesem Anspruch alle Ehre. Milan Poteček am Klavier, Jaroslav Friedl an der Gitarre, František Uhlíř am Bass und Tom Vokurka am Schlagzeug übertreffen sich gegenseitig in Solos, feuern sich an. Die vier spielen in wechselnden Combos und nur für die Jazz Republic gemeinsam. Das aber offenbar sehr gerne. Ganz versunken sind sie in die eigene Musik. Die gute Stimmung steckt automatisch auch das Publikum an.

Es wird ein langer Abend. Gegen zehn Uhr verbeugen sich die Musiker und läuten eine Pause ein. Zur zweiten Hälfte des Konzerts hat sich das Publikum etwas gelichtet. Aber die Hartnäckigen werden belohnt: Noch ambitionierter legt sich die Jazz-Combo ins Zeug und bringt jeden Herzrhythmus durcheinander.

Gerade noch rechtzeitig schaffe ich es in die Metro. Neben mir trommelt ein Mann mit den Fingern auf seinen Stuhl. Ich schaue hinüber und erkenne einen anderen Jazz-Republikaner. Wissend grinsen wir uns an. Dieser Ohrwurm wird uns bis ins Bett verfolgen.

WENN MAN SCHON MAL HIER IST:
Die Jazz Republic liegt direkt in dem herrlichen Gassen-Wirrwarr der Altstadt, ideal zum Sich-Treiben-Lassen. Folgen Sie doch einmal der **Zlatá-Gasse** ein paar Schritte weiter: Um die Ecke zur Na Perštýně hängt Sigmund Freud vom Dach, eine **Skulptur von David Černý** (siehe S. 80) □→.

DURCH DIE KRAFT ZUR FREIHEIT

FÜHRUNG DURCH DAS PRAGER GEMEINDEHAUS (OBECNÍ DŮM)

JÜDISCHES VIERTEL-->

NÁMĚSTÍ REPUBLIKY

ALTSTADT-->

+ + + S T E C K B R I E F + + +

WO? NÁMĚSTÍ REPUBLIKY 5 +++ METRO B ODER TRAM 2/ 6/8/14/15/26 NÁMĚSTÍ REPUBLIKY +++ WANN? ZWISCHEN 10 UND 20 UHR. ABSPRACHE NÖTIG +++ TEL. 222 002 101 +++ OBECNIDUM.CZ +++ WIE LANGE? AB ETWA 1 STUNDE +++ WICHTIG! DIE FÜHRUNG IST AUF ENGLISCH. DAZU GIBT'S DEUTSCHE INFORMATIONSZETTEL! +++ WIE VIEL? FÜHRUNG AB 290 BIS 530 KRONEN. JE NACH UMFANG +++

ICH DACHTE IMMER, ich kenne das Prager Gemeindehaus. Natürlich habe ich Klassikkonzerten im Smetana-Saal mit der opulenten Deckenbemalung und der gläsernen Kuppel gelauscht. Schon oft habe ich Freunden den Aufzug mit grünem Plüschsofa und geschliffenen Glasfenstern gezeigt. Ab und zu versuche ich, einen Platz an den großen Fenstern des Cafés zu erobern. Ins französische Restaurant habe ich nur hineingeschaut, in der Pilsener-Stube im Keller dagegen schon mal ein Bier getrunken, vor den tollen Bleiverglasungen, die von hinten angeleuchtet sind. Allein die Eingangshalle davor mit ihren gekachelten Wänden und der Gewölbedecke ist schon den Weg hinunter wert. Unsere Führerin Lucie aber verspricht, dass es noch viel, viel mehr zu entdecken gibt. »Ihre Kameras werden schnell voll sein«, warnt sie uns. »Hier herrscht eine extrem hohe Konzentration an Schönheit!«

WIR BEGINNEN unsere Wanderung durch das Haus.
Bloß die Gruppe nicht verlieren! Lucie hat recht. Vor lauter Staunen und Fotografieren kann man sich in den unzähligen Sälen schnell verirren ...

Das prachtvolle Gebäude ist Symbol für die »Nationale Auferstehung«, die Emanzipation des tschechischen Bürgertums von den Habsburgern. Über sechs Millionen Kronen habe der Bau 1906 bis 1911 gekostet, verrät Lucie. Das durchschnittliche Monatsgehalt betrug damals zehn Kronen. Die Stadt Prag bezahlte. Neueste Technik – ein Anti-Staub- und Abfallsystem etwa – wurde mit böhmischem Design kombiniert. Dafür heuerte man die besten Künstler an: Alfons Mucha, Mikoláš Aleš, Josef Václav Myslbek, insgesamt 30 Kreative. Sämtliche Stilelemente sind vertreten, Barock, Renaissance, vor allem aber Jugendstil.

Wir kommen im Smetana-Saal an, und alle verrenken sich die Köpfe. 4.800 Pfeifen hat die Orgel, erzählt Lucie. Zum Glück wurde sie während des Kommunismus nicht zerstört. Nur vernachlässigt, so wie das ganze Haus. Es war den Kommunisten zu dekadent, glaubt Lucie. Immerhin nutzten sie es. Als junges Mädchen war Lucie im Smetana-Saal auf Discoabenden, erinnert sie sich.

IN DER KONDITOREI, im Design angesiedelt irgendwo zwischen Art déco und ägyptischer Mythologie, begeistert mich vor allem die Espressomaschine »Victoria« aus dem Jahr 1918. Angeblich funktioniert sie noch. Dann kommen wir in einen kleinen Saal, der ganz Božena Němcová gewidmet ist. Als die erste tschechische Feministin bezeichnet Lucie die Schriftstellerin. Im Orientalischen Saal sehen die Tische aus wie umgestülpte Moscheen, und die Wände sind orientalisch bemalt. Der Gregor-Saal ist etwas weniger spektakulär – aber hier hat Václav Havel 1989 mit den kommunistischen Führern verhandelt.

Den Oberbürgermeister-Saal hat Alfons Mucha komplett ausgemalt, und die Kameras knipsen wieder wie verrückt. Lucie fordert uns auf, genau in der Mitte des Raumes zu singen, jeweils nur einer. Ist etwas peinlich, aber nach und nach machen wir es doch. Das Gewölbe wirkt wie ein Verstärker. Selbst als ich flüstere, schallt es laut zurück. »Durch die Kraft der Freiheit – mit Liebe zur Einigkeit!« hat Mucha sein Wandbild genannt. Die Kraft der Freiheit, in Stein gemeißelt, das ist das Gemeindehaus!

WENN MAN SCHON MAL HIER IST:

Sie stehen sozusagen direkt vor dem **Pulvertor** □→ (siehe S. 39), also nichts wie rauf! Ein schöner **Spaziergang** geht hinter dem Obecní dům links in die Králodvorská, durch den Torbogen am Artěl-Shop bis zur Templová, rechts bis zu Jakubská und dann immer geradeaus, durch den Innenhof des Granovský-Hauses hindurch, bis Sie durch die winzigen Gassen auf den **Altstädter Ring** (siehe S. 38) stoßen.

EIN AUSFLUG
INS JAHR 5779

RUNDGANG DURCH
DIE PRAGER SYNAGOGEN

JÜDISCHES
VIERTEL-->

ALTSTADT-->

⊠ STAROMĚSTSKE NÁMĚSTÍ

+ + + S T E C K B R I E F + + +
WO? TREFFPUNKT IM INFORMATIONS- UND RESER-
VIERUNGSZENTRUM DER JÜDISCHEN GEMEINDE +++
MAISLOVA 15 +++ METRO A STAROMĚSTSKÁ +++
WANN? NACH ABSPRACHE. DIE SYNAGOGEN SIND
GEÖFFNET SO-FR 9-18 UHR. SA (SABBAT) GE-
SCHLOSSEN +++ TEL. 720 366 659 +++ PRAGITUR.
COM +++ WIE LANGE? 3 STUNDEN +++ WIE VIEL?
900 KRONEN. ERM. 700 KRONEN +++

WILLKOMMEN IM JAHR 5779! Um diesen Zeitenwandel zu erleben, muss ich nur Eintritt zahlen. Und Männer brauchen eine Kippa. Dann nimmt Sylvie Typnerová mich mit in die Prager Synagogen, auf den Friedhof und in die Zeremonienhalle. Die Zeit wird hier nach dem jüdischen Kalender berechnet.

Dass in Josefov die Uhr immer noch anders läuft, verdankt Prag einem besonders zynischen Plan der Nationalsozialisten. 1939 begannen sie mit der Deportation und Ermordung der böhmischen und mährischen Juden. Aber während überall sonst in Europa Synagogen und jüdisches Kulturgut zerstört wurden, trug man in Prag sorgsam das Eigentum der Ermordeten zusammen. Für ein »Museum einer untergegangenen Rasse«. Zum Glück kam es anders. Die heutige jüdische Gemeinde Prags ist klein. Aber sehr lebendig. Und sie verwaltet einen unglaublichen kulturellen Schatz.

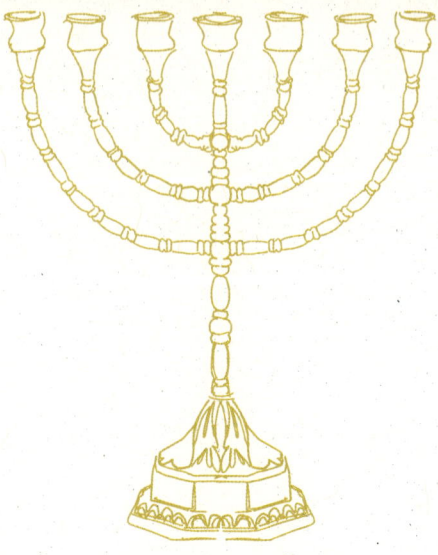

WIR BEGINNEN DIE FÜHRUNG in der früh-
gotischen Altneu-Synagoge. Sie ist die älteste unbeschädigt erhaltene Synagoge in Europa! Um 1270 soll sie von
Zisterziensern gebaut worden sein – die Juden durften
damals noch nicht selbst Bauherren sein. Kein Wunder,
dass es vor Touristen wimmelt, viele davon aus Israel.
Sylvie ignoriert gelassen die Hektik um uns herum. Sie
weist auf die zwölf Fenster des Gotteshauses: Symbol
für die zwölf Stämme Israels. Die Ornamente über dem
Eingangsportal sind besonders wertvoll, sagt sie. Ebenso
wie die steinerne Verzierung über dem Thoraschrein. Der
ist heute leer. Sylvie weist auf die männlichen Touristen:
Wenn die Thora im Haus wäre, müssten sie Kippa tragen.
Die bekommt man kostenlos am Eingang.
Auf dem Dachboden liegen die zerbrochenen Stücke des
Golem, verrät Sylvie augenzwinkernd. Den schuf Rabbi
Löw der Legende nach einst aus den vier Elementen Wasser, Feuer, Erde und Luft und hauchte ihm mit Magie Leben ein. Der Golem ging nachts durch das Ghetto und be-
wachte die Bewohner. Als er nicht mehr gebraucht wurde,
weil die Gesetze die Juden besser schützten, lockte Löw
den Golem auf den Dachboden der Altneu-Synagoge und
kehrte die Magie um – der Golem zerfiel wieder zu Lehm.

RABBI LÖWS GRAB zeigt uns Sylvie später auf dem Alten Jüdischen Friedhof an der Klaus-Synagoge. Der sieht wunderbar pittoresk aus mit kreuz und quer stehenden Gräbern. Die Hügellandschaft ist durch Absenkungen entstanden, erklärt Sylvie. Über 100.000 Gebeine wurden hier in zwölf Lagen übereinander begraben.

Schlusspunkt und ein Fest für die Augen ist die Spanische Synagoge. Sie ist mit maurischen Motiven und viel Gold ausgemalt. Da die reformierte Gemeinde sie für alle Menschen offen halten wollte, sind die religiösen Wandbeschriftungen in allen möglichen Sprachen. Langsam bekommen wir ein Gefühl dafür, wie ungemein lebendig die Gemeinde mal gewesen sein muss. Von ultra-orthodox bis ganz liberal gab es alle Strömungen. Die sieben Synagogen, die man als Reisender besichtigen kann, sind nur ein Teil des jüdischen Lebens in Prag. Es gibt bis heute weitere Synagogen in Karlín, Libeň und Smíchov.

Unsere Köpfe rauchen, als Sylvie uns nach drei Stunden zurücklässt. Ich setze mich auf eine Bank im Kreisverkehr gegenüber dem Kafka-Denkmal, starre Luftlöcher und baumle mit den Beinen. Als ich aufstehe, bin ich wieder im Jahr 2019 angekommen.

WENN MAN SCHON MAL HIER IST:

Die **Kafka-Statue** – der Dichter auf den Schultern seines furchteinflößenden Vaters – steht direkt vor der **spanischen Synagoge**. Eine Straßenecke weiter sind Sie auch schon in der **Pařižská-Straße**, zentrale Achse quer durchs Viertel und Prachtmeile der Stadt. Hier schlendern die Reichen und Schönen mit Taschen von Gucci, Christian Dior oder Dolce & Gabbana. Es ist nicht weit zum **Altstädter Ring** (siehe S. 38) □→ oder, in die andere Richtung, zum **Agneskloster** (siehe S. 40).

WENN MAN SCHON MAL IN DER ALTSTADT UND IM JÜDISCHEN VIERTEL IST

+++ SEHEN +++
+++ ESSEN +++
+++ AUSGEHEN +++
+++ SHOPPEN +++
+++ SCHLAFEN +++

□↑
ALTSTÄDTER RING (STAROMĚSTSKÉ NÁMĚSTÍ)

9.000 Quadratmeter quirliges Leben, und das seit dem 12. Jahrhundert! Zu jeder vollen Stunde versammeln sich riesige Menschenmengen vor der **Astronomischen Aposteluhr** am **Alten Rathaus**, um das Glockenspiel zu hören. Man kann die Figuren übrigens für 250 Kronen auch von innen tanzen sehen. Schräg dahinter errichtete der Bildhauer Ladislav Šaloun 1915 ein **Denkmal für Jan Hus**. Der versammelte die Gläubigen in der **Teyn-Kirche**, die hinter der Häuserfassade herausragt. Im 14. Jahrhundert wurde der Bau begonnen, im 15. Jahrhundert erhielt er erst die beiden Türme mit den runden Spitzdächern. Ein weiterer Blickfang sind das **Rokokopalais Kinsky**, das eine Gemäldegalerie beherbergt, und daneben das gotische »Haus zur steinernen Glocke«. In der Barockkirche **St. Nikolaus** finden oft Konzerte statt.

+++ METRO A STAROMĚSTSKÉ NÁMĚSTÍ ODER METRO A/B MUSTEK +++

PULVERTOR (PRAŠNÁ BRÁNA)

Das 65 Meter hohe Pulvertor war im 15. Jahrhundert ein wichtiger Durchgang der Stadtmauer und Lagerraum für das Schießpulver. Von oben hat man einen netten Blick auf die Stadt.

+++ NA PŘÍKOPĚ/NÁMĚSTÍ REPUBLIKY 5 +++ METRO B NÁMĚSTÍ REPUBLIKY +++ MUZEUMPRAHY.CZ +++ APRIL-SEPT. TÄGL. 10-22 UHR, MÄRZ UND OKT. 10-20 UHR, NOV-MÄRZ 10-18 UHR +++ 100 KRONEN +++

KLEMENTINUM

Das ehemalige Jesuitenkolleg aus dem 16. Jahrhundert erstreckt sich über einen ganzen Straßenblock mit sechs Innenhöfen, zwei Kirchen und mehreren Kapellen. Die **Barockbibliothek** ist reich ausgestattet mit Fresken, historischen Globen und wertvollen Handschriften. Im **Astronomischen Turm** werden seit 1775 täglich meteo-rologische Messungen durchgeführt. In den Kapellen, allen voran die Spiegelkapelle, gibt es öfter Konzerte.

+++ MARIÁNSKÉ NÁMĚSTÍ 5 +++ METRO A STAROMĚSTSKÁ +++ KLEMENTINUM.COM +++ 50-MI-NÜTIGE FÜHRUNGEN TÄGL. 10-16 UHR ALLE 30 MINUTEN FÜR 300 KRONEN +++

KLOSTER ST. AGNES (ANEŽSKÝ KLÁŠTER)

Das frühgotische Kloster ist nach Agnes von Böhmen benannt, die 1235–37 hier Äbtissin war. In dem Franziskanerkloster lebten Klarissen und Minoriten. Heute beherbergt es eine grandiose **Sammlung sakraler Kunst** aus dem Mittelalter.

+++ U MILOSRDNÝCH +++ TRAM 2/6/8/15/26 DLOUHÁ TŘÍDA +++ NGPRAGUE.CZ +++ 220 KRONEN. FÜR STUDENTEN UND SCHÜLER KOSTENLOS +++ GÄRTEN KOSTENLOS +++ DO-SO UND DI 10-18 UHR. MI 10-20 UHR +++

RUDOLFINUM

In dem Neorenaissance-Palast am Ufer der Moldau hat die tschechische Philharmonie ihren Sitz. Zudem gibt es in der Galerie herausragende Ausstellungen zeitgenössischer Kunst und Fotografie und ein schönes Café. Im »Artpark« kann man mit allerlei Materialien und Gegenständen selbst Kunst kreieren – super für Kinder!

+++ ALŠOVO NÁBŘEŽÍ 12 +++ METRO A STAROMĚSTSKÁ +++ 227 059 227 +++ RUDOLFINUM.CZ +++

LA DEGUSTATION BOHÈME BOURGEOISE

Hier gibt es böhmische Küche, bourgeoise, aber alles andere als »gut bürgerlich«. Chefkoch Oldřich Sahajdák wird für seine feinen Kreationen seit 2012 jährlich mit einem Michelin-Stern belohnt. Das Menü kostet 3.450 Kronen.

+++ HAŠTALSKÁ 18 +++ TRAM 2/15 DLOUHÁ TŘÍDA +++ 222 311 234 +++ LADEGUSTATION.CZ +++ DI-SO 18-0 UHR +++

ČESKÁ KUCHYNĚ HAVELSKÁ KORUNA

Zeitreise in eine Kantine aus den 80ern. Auf einem »Konsumzettel« wird eingetragen, was man verzehrt. Tschechische Hausmannskost, und das zu einem Spitzenpreis! Gezahlt wird am Ausgang.

+++ HAVELSKÁ 23 +++ METRO A/B MUSTEK +++ 224 239 331 +++ HAVELSKA-KORUNA.CZ +++ TÄGL. 10-20 UHR +++

LEHKÁ HLAVA

Vegetarier haben es nicht leicht in Prag. Das Lehká Hlava ist eine kleine Oase. Sehr gute internationale vegetarische Gerichte – auch tschechische! – und das versteckt in einer romantischen kleinen Gasse.

+++ BORŠOV 2 +++ TRAM 2/17/18/27 KARLOVY LÁZNĚ +++ 222 220 665 +++ LEHKAHLAVA.CZ +++ MO-FR 11.30-23.30 UHR, SA-SO 12-23.30 UHR +++

SHALOM

Wer die koschere Küche kennenlernen will, der ist im Speisesaal des jüdischen Gemeindehauses goldrichtig. Das Essen wird vom Rabbi gesegnet. Am Sabbat oder an Feiertagen vorher reservieren!

+++ MAISELOVA 18 +++ METRO A STAROMĚSTSKÁ +++ 224 800 808 +++ KEHILAPRAG.CZ +++ MO-FR 11.30-14 UHR +++

ROXY

Seit 1992 steigen in diesem Keller Abend für Abend Partys und Konzerte mit teils international bekannten Gästen. Indie, House, Hip-Hop, Drum & Bass – alles, was die Beine zum Tanzen bringt.

+++ DLOUHÁ 33 +++ TRAM 2/15 DLOUHÁ TŘÍDA +++
ROXY.CZ +++

AGHARTA JAZZ CENTRUM

Das AghaRTA gilt unter Jazz-Fans als der beste Club der Stadt. Seit der Gründung 1991 waren schon viele Jazz-Legenden zu Gast: Jiří Stívin und Milan Svoboda, aber auch Jan Garbarek, das John McLaughlin Trio oder Al Di Meola.

+++ ŽELEZNA 16 +++ METRO A/B MUSTEK +++
AGHARTA.CZ +++

BOTAS 66 □→

Witzige bunte Sneakers in Top-Qualität aus Ostböhmen. 1966 waren sie der Verkaufsschlager in der ČSSR, nach einem Relaunch 2008 sind sie das jetzt wieder. Filiale in Žižkov, Křížkovského 18.

+++ SKOŘENKA 4 +++ METRO B NÁRODNÍ TŘÍDA +++
BOTAS66.COM +++ MO-SA 10-19 UHR. SO 11-17 UHR +++

LA GALLERY NOVESTA

Mode und Accessoires von allen Designern, die in Tschechien einen Namen haben: Jakub Polanka, jsem u. a.

+++ ELIŠKY KRÁSNOHORSKÉ 9 +++ METRO A
STAROMĚSTSKÁ +++ LAGALLERY.CZ +++ MO-FR
11-19 UHR. SA 11-18 UHR +++

HOTEL UNITAS

Das einstige Nonnenkloster war unter den Sozialisten ein Gefängnis der Geheimpolizei – Václav Havel saß hier ein. Zwischenzeitlich diente es als Hostel mit Gruselfaktor. Mittlerweile ist es jedoch ein hoch komfortables Hotel mit 4 Sternen, sehr zentral und doch ruhig gelegen. DZ etwa 180 Euro.

+++ BARTOLOMEJSKÁ 9 +++ METRO B NARODNÍ TŘÍDA +++ 224 230 533 +++ UNITAS.CZ +++

HOTEL JOSEF

Viel Glas und Stahl sind das Markenzeichen der preisge-krönten Architektin Eva Jiřičiná. Das Hotel Josef hat große, lichtdurchflutete Räume, und man kann den Partner im gläsernen Badezimmer beim Duschen beobachten. Vor allem das reichhaltige Frühstück mit frischem Obst und selbstgebackenem Brot wird von den Gästen gefeiert. DZ etwa 140 Euro.

+++ RYBNÁ 20 +++ METRO B NÁMĚSTÍ REPUBLIKY +++ HOTELJOSEF.COM +++

2
NEUSTADT
(NOVÉ MĚSTO)

+++ ERLEBEN +++

JERUSALEM-SYNAGOGE

72

NATIONALTHEATER

HOLBO'
KLIMENTSK

HYBERNKÁ

JINDŘIŠSKÁ **T**

ES GIBT NUR EINEN
KORRUPTEN TSCHECHEN

72

M MŮSTEK

48

VODIČKOVA **T**

VÁCLAVSKÉ NÁM

52
DAS SCHLAFZIMME
DER ANDEREN

60
BALLETT STATT
HIGHTECH

T NÁRODNÍ
DIVADLO

64

KAPITÄN IM
ZICKZACKKURS

SPÁLENÁ

ŠTĚPÁNSKÁ

M MUZEU

ŽITNÁ

JIRÁSKOVO
T NÁMĚSTÍ

DAS
TANZENDE
HAUS

71

JEČNÁ

70

71

MASARYKOVO NÁBŘ

M KARLOVO
NÁMĚSTÍ

KARLSPLATZ

WENZELSPLATZ

SCHÖNEN GRUSS
AN DIE KARPFEN

56

T VÝTOŇ

DIE NEUSTADT wurde 1348 von Kaiser Karl IV. gegründet, um das Platzproblem an der Moldau zu lösen. Wer hier ein Grundstück kaufte, blieb zwölf Jahre lang steuerfrei, musste aber innerhalb von anderthalb Jahren zu Ende gebaut haben. Blitz- schnell wuchs die Neustadt auf mehr als die dop- pelte Größe der Altstadt. Und Prag zu einer der größten Städte Europas. Bis heute prägen die groß- zügig angelegten Boulevards und die monumenta- len Gebäude die Atmosphäre der Neustadt.

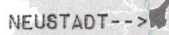

NEUSTADT-->

ES GIBT NUR EINEN KORRUPTEN TSCHECHEN

MIT CORRUPT TOUR ZU DEN BAUDENKMÄLERN DER PRAGER VETTERNWIRTSCHAFT

NEUSTADT-->

MÜSTEK

+ + + S T E C K B R I E F + + +

WO? TREFFPUNKT JUNGMANNOVO NÁMĚSTÍ. METRO A/B MÜSTEK. ENDE IM PARK CHARLOTTY MASARYKOVÉ. METRO A HRADČANSKÁ +++ WANN? NACH VEREINBARUNG - ODER PROGRAMM AUF DER WEBSITE CHECKEN +++ TEL. 739 990 080 +++ CORRUPTTOUR.COM +++ WIE LANGE? UNGEFÄHR 2 STUNDEN +++ WIE VIEL? 800 KRONEN PRO PERSON. GRUPPEN JE NACH ABSPRACHE +++ WICHTIG! AUCH TOUREN AUSSERHALB PRAGS MÖGLICH! +++

ICH MEINE die messerscharfen Blicke im Rücken zu spüren. Wir stehen mitten vor dem Eingang des Prager Magistrats, links und rechts von uns gehen Leute aus und ein. Und einige scheinen das Gesicht von Petr Šourek bereits zu kennen. Der erzählt mit klarer Stimme, wie es um genau dieses Gebäude im Chicago-Stil zu einem seltsamen Deal kam. Als es privatisiert wurde, hatte die Stadt ein Vorkaufsrecht. Der Preis war mehr als akzeptabel. Aber die Verwaltung lehnte ab. Ein dubioser, namenloser Käufer schlug zu – und vereinbarte sogleich mit der Stadt einen Mietvertrag über 20 Jahre. Der war überaus günstig für ihn. Die Stadt zahlt bis heute das fast Fünffache des in diesem Viertel üblichen Mietpreises. Der Medienaufschrei ist längst vorbei, das Thema fast vergessen. Wären da nicht diese lästigen Guides von Corrupt Tours mit immer neuen Touristen ...

BÖSE BLICKE KONTERT PETR mit schneidendem schwarzen Humor in perfektem, wunderbar altmodischem Deutsch. Der Regisseur, Schauspieler, Philosoph und Radio-Journalist wollte der grassierenden Korruption endlich etwas Gutes abgewinnen. Seit 2012 bietet Corrupt Tour Führungen zu den herausragendsten Korruptionsdenkmälern an, Touren durch das »Bestechende Prag«. »Wir verdienen als Einzige legales Geld mit der Korruption«, sagt er grinsend. Eine junge Frau aus dem Team, gespickt mit Corrupt-Tour-Devotionalien, begleitet ihn. Ich überlege, ob ich mir nicht für ein paar Kronen einen akademischen Titel gerahmt an die Wand hängen soll, den Master of Corruption Administration.

Durch den Franziskanergarten geht es weiter zu einem Einkaufstempel, der sich, oh Wunder, über drei eigentlich denkmalgeschützte Häuser erstreckt – immerhin sind die Fassaden noch erhalten. Dann laufen wir zum ehemaligen, ebenfalls jedem Bauplan spottenden Penthouse von Roman Janoušek, der merkwürdig gute Verbindungen zur Stadtverwaltung hatte und mittlerweile im Gefängnis sitzt. Allerdings nicht wegen Korruption, sondern wegen eines Mordversuchs. Und wir besuchen den Tunnel Blanka, der nach Vertragsunterschrift plötzlich viele Millionen Kronen teurer wurde.

KORRUPTION IST IN TSCHECHIEN

weit verbreitet, erzählt uns Petr. Aber nur ein einziger Tscheche wurde jemals wegen Korruption verurteilt. Wir machen wir uns auf zu dem luxuriösen Nest dieser diebischen Elster. An der Metrostation Hradčany gehen wir durch einen Durchgang unter einem Haus – und stehen plötzlich in einer grünen, lärmfreien Oase. Petr erzählt die Geschichte von Mirek und Marek, zwei Freunden, die alles immer gemeinsam machten. Am Anfang wohnten sie sogar in einem Haus, Petr zeigt es uns. Petr kennt viele Geschichten, wie Premierminister Mirek Topolánek und sein »Berater« Marek Dalík sich gegenseitig unterstützten. Mittlerweile gehört Marek eine luxuriöse Villa auf der anderen Seite des Charlotte-Masaryk-Parks. Wir stehen genau im Fokus der Videokamera, während Petr gelassen erzählt, wie Marek von den Managern des Waffenproduzenten Steyr 18 Millionen Euro »Provision« verlangte, dafür, dass die Regierung schließlich 107 Pandur-Panzer kaufte. Mir wird doch etwas unwohl, weil wir gerade ganz offensichtlich gefilmt werden, aber Petr lacht. Marek ist gerade nicht zu Hause. Er muss fünf Jahre im Gefängnis absitzen. Mirek dagegen trat 2018 völlig unbehelligt zur Präsidentschaftswahl an.

WENN MAN SCHON MAL HIER IST:

Im **Charlotte-Masaryk-Park** ☐→liegt die **Festungsanlage Písecká Brána** (siehe S. 130). In der **Villa Bílkova** (Mickiewiczova 1) sind die Werke von Hausbesitzer František Bílek ausgestellt. Nur wenige Meter weiter befindet sich das **Sommerschloss Letohrádek** mit dem Königsgarten. Spannend ist aber auch das Wohn- und Botschaftsviertel auf der anderen Seite der Metrostation mit dem **Café Místo** (Bubenečská 12), der **Galerie Pellé** (Pelléova 10) und der **Brauerei Bubeneč** (Bubenečská 33).

DAS SCHLAFZIMMER DER ANDEREN

IM ATOMBUNKER UND DER ABHÖRKAMMER DES HOTEL JALTA

VODIČKOVA

MŮSTEK

NEUSTADT-->

+ + + S T E C K B R I E F + + +

WO? RECHTER SEITENEINGANG DES HOTEL JALTA +++ VÁCLAVSKÉ NÁMĚSTÍ 45 +++ METRO A/B MUSTEK. TRAM 1/3/5/6/9/14/24 VODIČKOVA +++ WANN? TÄGL. 14.30 UHR, 16 UHR UND 17.30 UHR IN ENGLISCHER SPRACHE +++ DE.MUZEUM-STUDENE-VALKY.CZ +++ FÜR GRUPPEN ABSPRACHE UNTER TEL. 222 822 111 +++ WIE LANGE? CA. 1 STUNDE +++ WIE VIEL? 200 KRONEN +++

GÜNSTIG, FAMILIENFREUNDLICH

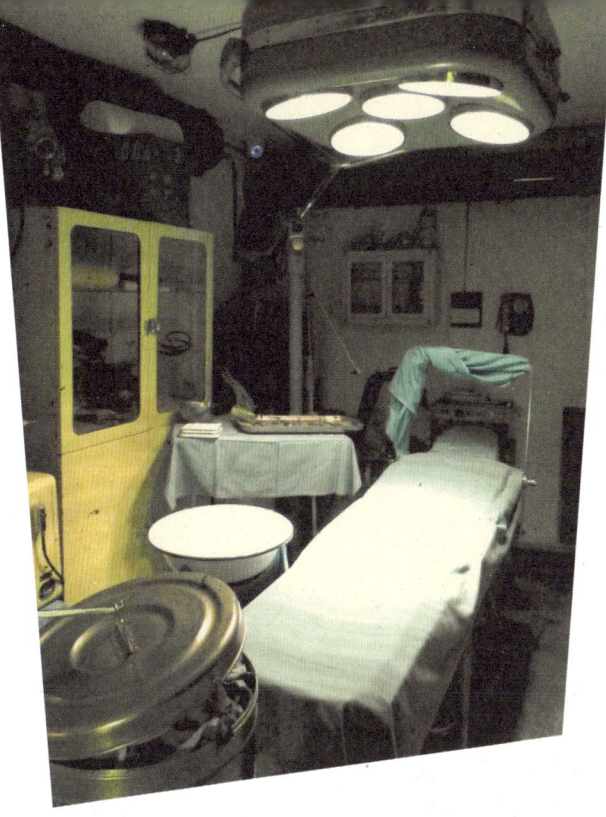

PÜNKTLICH AUF DIE SEKUNDE betritt ein junger schneidiger Geheimdienstoffizier die Lobby des Hotel Jalta. Hinter der Glastür, die uns von dem edlen Restaurant des Hauses trennt, herrscht reges Treiben. Aber wir interessieren uns heute mehr für die Abgründe des Luxushotels. Dem Hotelpersonal sind wir daher offensichtlich etwas peinlich. Eilig winkt uns der Soldat zum Aufzug. Der Körper gestählt, die Haare ordentlich zur Seite gekämmt: Fast würde man Laďa den Geheimdienstler abnehmen, schliche sich nicht ab und zu ein Lächeln auf sein Gesicht. Der 21-Jährige führt uns, 17 Neugierige, in die Kellergewölbe zehn Meter tiefer. Dort stehen wir vor der dicken Stahltür. Laďa entriegelt die beiden riesigen Hebel. »Jetzt betreten wir den Atombunker des Hotel Jalta«, sagt er bedeutungsvoll. »Und sein finsteres Geheimnis.«

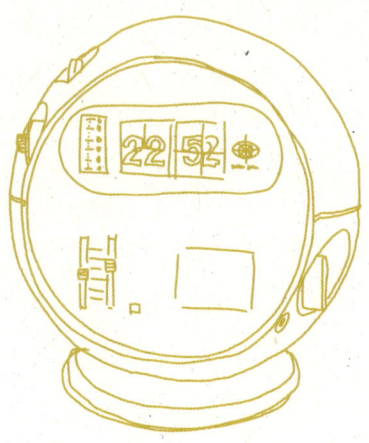

PRÄSIDENT ANTONÍN ZAPOTOCKÝ gab 1952 diesen ersten Atombunker Tschechiens in Auftrag. Als Bauplatz bot sich eine Bombenlücke aus dem Zweiten Weltkrieg an. 5.382 Quadratmeter, gesichert mit drei Meter dickem Stahlbeton. Die Luft hätte im Ernstfall permanent mit einem Carbonfilter gereinigt werden können. Laďa bittet einen Mann, die große Kurbel zu drehen. Mit höllischem Lärm setzt sich die Filter-Maschinerie in Bewegung – auch heute noch funktioniert sie einwandfrei. Wir kommen ins Hauptquartier. Hier liefen sämtliche Informationen zusammen, und von hier aus sollten die Befehle für den Bunker ausgegeben werden. Lämpchen auf der Landkarte zeigen all die Bunkeranlagen der Republik. Nur zwei Toiletten, aber unter dem Wohnbereich ein Wassertank mit 50.000 Litern. Rund 150 Menschen hätten hier zwei Wochen überlebt. Den Gestank versuche ich mir lieber nicht vorzustellen. Für den Notfall gab es mehrere Ausgänge. »Wer will einmal bis zum Wenzelsplatz krabbeln?«, fragt Laďa in der Krankenstation und zeigt auf einen engen Schacht. Einladend sieht er nicht gerade aus, ich bin froh, dass zumindest noch ein Mann vor mir ins Dunkel kriecht. Mit der Handytaschenlampe versuchen wir die Leiter hoch zur Straße zu beleuchten, aber deren Ende ist nicht zu sehen.

HINTER EINER WEITEREN STAHLTÜR

befindet sich ein wahrer »Giftschrank«, den das Hotel am liebsten bis heute geschlossen hielte. An einer Wand hängt ein Plan mit rot, gelb und grün markierten Rechtecken. Als ich näher hinschaue, erkenne ich die Zimmernummern des Hotels. »Das ganze Jalta war komplett verwanzt«, sagt Laďa lakonisch. Ob Staatsgäste, ausländische Geschäftsleute oder die Deutsche Botschaft, die von 1960 bis in die 70er-Jahre im zweiten Stock residierte, alle waren sie bis in die Toiletten abgehorcht worden. Laďa verrät: »Selbst der Schuhputzer unten im Foyer hatte ein kleines Mikrofon in seiner Bürste.«

Das Personal oben hatte von diesen Kelleraktivitäten keine Ahnung, der Zutritt war verboten. Nur sehr wenige Eingeweihte wussten, was dort unten geschah. Als ein paar Verwegene sich 1998 endlich doch hinunterwagten, hatte die Staatssicherheit längst sämtliche Dokumente und Spuren vernichtet. An die Gesichter der Spione konnte sich niemand erinnern. Die verschwanden immer unauffällig im Seiteneingang. So wie wir vorhin.

WENN MAN SCHON MAL HIER IST:

Das Jalta befindet sich auf der oberen Hälfte des **Wenzelsplatzes** (siehe S. 70). In der Jindřišská weiter unten liegt die **Hauptpost** ☐→Prags. Der bemalte, gläsern überdachte Neorenaissance-Innenhof ist eine echte Überraschung. Die Zentrale der Rohrpost, mit der Franz Kafka Briefe an Max Brod schickte, ist immer noch intakt. Ein paar Häuser weiter erreicht man den spätgotischen **Heinrichsturm** (Jindřišská věž). Unterm Dach gibt es ein Glockenspiel, das nur im Inneren zu hören ist.

SCHÖNEN GRUSS
AN DIE KARPFEN

SCHWITZEN
AUF DEM SAUNA-SCHIFF
LÁZNĚ NA LODI

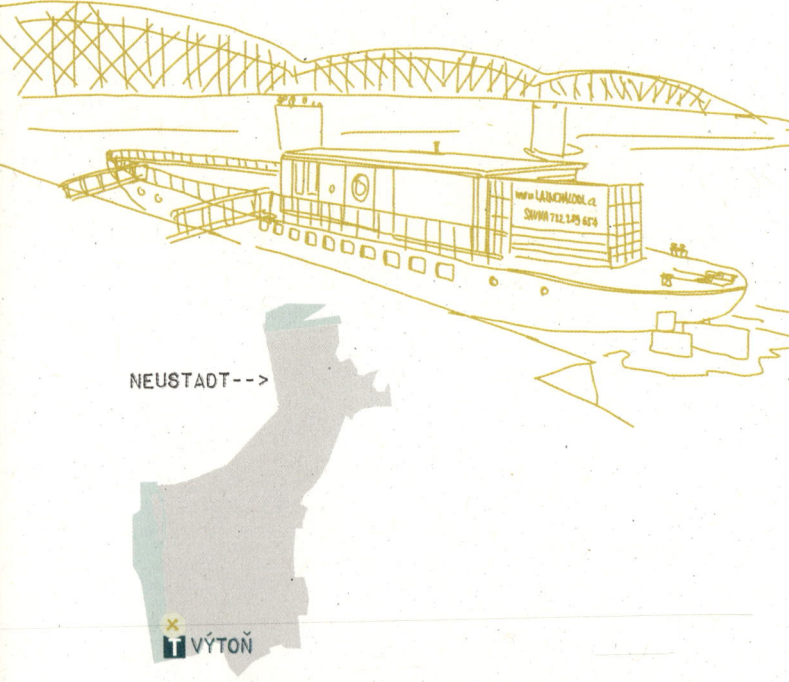

NEUSTADT-->

✕ VÝTOŇ

+ + + S T E C K B R I E F + + +
WO? RAŠÍNOVO NÁBŘEŽÍ +++ TRAM 2/3/4/5/7/
12/17/21 VÝTOŇ +++ WANN? MITTE OKTOBER BIS MIT-
TE APRIL TÄGLICH 17-23 UHR +++ LAZNENALODI.CZ
+++ WIE LANGE? CA. 1.5 STUNDEN +++ WIE VIEL?
140 KRONEN PRO STUNDE. ES WIRD NACH MINUTEN
ABGERECHNET +++

ES IST FINSTER auf der Náplavka, und es regnet. Donnerstagabend, 18 Uhr. Einsam liegen ein paar Schiffe hintereinander am Kai. Nur eines ist anheimelnd beleuchtet, das »Badehaus auf dem Schiff« (*Lázně na Lodi*), installiert auf einem ausgedienten Kahn, der (A) void Floating Gallery. Aus dem Inneren sind Stimmen zu hören. Nichts wie ins Warme! Sanfter Grasgeruch wabert mir am Eingang entgegen. Der Mann hinter der Theke grinst breit. Er ist überaus hilfsbereit. Ein Handtuch? Shampoo? Alles kein Problem. Außerdem weist er auf den Glaskühlschrank hinter sich, gefüllt mit Wasser, Cola, Limo – und jeder Menge Bier. Im Hintergrund laufen leise Hip-Hop-Beats. In ein Schulheft trägt er meinen Vornamen und die Uhrzeit ein. Hier wird nach Minute abgerechnet. Dann öffnet er mir die Schiebetür zum Saunabereich. Es kann losgehen.

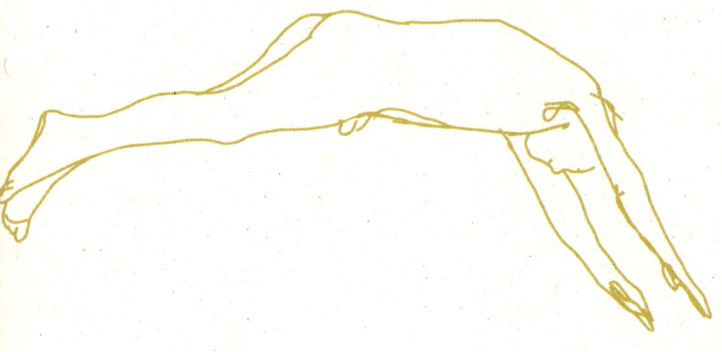

SEHR WARM IST ES NICHT im Umkleide-
raum. Und spartanisch: 16 Schließfächer, eine Toilette,
zwei recht düstere Duschen, selbst gebaut aus Garten-
schläuchen, ein kräftiger Fön. Alles improvisiert, aber
sauber. Dann stehe ich in etwas, das man in einer her-
kömmlichen Sauna wohl Ruheraum nennen würde. Ein
paar Liegestühle mit blau gestreiftem Stoff, viele (echte!)
Kerzen. Doch erst einmal schnell in die einzige Sauna.
Drei Bänke übereinander – man schaut auf eine riesige
Fensterfront bis zum Boden. Der Ausblick ist gigantisch.
Vor mir liegt die Moldau, links die Eisenbahnbrücke,
rechts schweift der Blick auf die andere Pragseite bis hinüber zum Hradschin.
Und bleibt dann hängen an dem legendären Steg in die
Moldau. In der soll man sich abkühlen, haben alle Kenner geschworen, das fühle sich großartig an. Die flüssige
schwarze Masse da vor mir sieht allerdings nicht sehr einladend aus. Außerdem sollen jede Menge Karpfen darin
schwimmen, die die Prager traditionell zu Weihnachten
kaufen und dann freilassen. Nein, beschließe ich, nichts
für mich. Unbeeindruckt beobachte ich, wie mein Nach-
bar gelassen aufsteht, hinausgeht und ins kalte Nass
springt.

ICH NEHME erst einmal mit dem kalten Wasser im Baubottich vor der Tür vorlieb. Ein wenig auf einem Liegestuhl dösen, dann geht es in die zweite Runde. Schwitzend beobachte ich die winzige Fähre, die das Rašínovo-Ufer mit dem Stadtteil Smíchov verbindet. Eine junge Frau verlässt die Sauna, und ich schaue ihr zu, wie sie völlig ungerührt, ohne jedes Zögern, in die Moldau springt. Ein bisschen neidisch bin ich schon. Der Bottich ist recht klein, ich muss mich umständlich hocken.

Maximal 16 Leute werden auf dem Saunaschiff zugelassen, mittlerweile sind wir zu zwölft. Ich beobachte, wie einer nach dem anderen begeistert in der Moldau planscht. Fünfte Runde. Mir reicht's. Ich marschiere zum Steg. Nicht nachdenken, einfach hineinklettern. Kalt ist die Moldau und hat eine sanfte Strömung. Und offenbar magische Kräfte. Ich jedenfalls beschließe, nur noch kurz ein paar Bäume auszureißen und dann nach Hause zu schweben. Ganz sicher werde ich heute wunderbar schlafen. Und von der Moldau träumen. Schönen Gruß an die Karpfen.

✕

WENN MAN SCHON MAL HIER IST:
Auch im Winter findet man auf der **Naplávka** (siehe S. 74) ein paar nette Lokale, wie etwa das **Restaurant Vltava** (Rašínovo nábřeží 1). Wenige Meter weiter kann man zum **Vyšehrad** (siehe S. 234) hinauflaufen. Am anderen der Naplávka steht das **Tanzende Haus** □→ (siehe S. 71). Und fast nebenan befindet sich die kleine Fährstation, von der aus es rüber nach **Smíchov** (siehe ab S. 76) geht.

BALLETT STATT HIGHTECH

EIN ABEND IN DER LATERNA MAGIKA

LATERNA MAGIKA

NEUSTADT-->

NÁRODNÍ DIVADLO

+ + + S T E C K B R I E F + + +
WO? NÁRODNÍ 4 +++ TRAM 2/9/11/13/17/18/22/
23/25 NÁRODNÍ DIVADLO +++ NARODNI-DIVADLO.CZ
+++ WIE LANGE? ETWA 2 STUNDEN +++ WIE VIEL?
ZWISCHEN 390 UND 690 KRONEN +++

ZWEI ROSEN TANZEN vor schwarzem Hintergrund im Scheinwerferlicht. Ein finsterer Zauberer springt auf die Bühne. Als er sein Fernrohr an die Augen hebt, wird schlagartig die ganze Bühne zur Leinwand, und auch wir Zuschauer sehen, was er sieht: Zwei Eier treiben auf einem See. Stück für Stück brechen sie auf – zwei Clowns kommen zum Vorschein. Sie schwimmen auf uns zu, zum Rand des Sees, kriechen unter dem Vorhang durch und stehen neben dem Zauberer, aus Fleisch und Blut, zum Anfassen. Der will sie mit Geld locken, aber das interessiert die beiden nicht. Also haucht der Magier einer wunderschönen Marionette Leben ein. Bis zum Ende des Stücks werden die Clowns um die hübsche Balletttänzerin kämpfen. Mit welchen Mitteln, das wird schon in diesen ersten Minuten klar: Pantomime, Tanz, Schwarzlichttheater, Filmkunst und Musik.

»LATERNA MAGIKA« hat Erfinder Alfréd Radok, einst Chef von Miloš Forman, diese spezielle Mischform des Theaters genannt. Als er sie erstmals 1958 auf der Weltausstellung in Brüssel inszenierte, war die Resonanz überwältigend. Heute gibt es moderner ausgestattete Schwarzlichttheater en masse in der Stadt. *Der Zauber-zirkus* wurde 1977 uraufgeführt, ohne raffinierte Special-Effects und Computersimulationen. Ballett statt Hightech. Aber gerade das macht den Charme aus. Die meisten der klappbaren Kinosessel, vermutlich aus den 80er-Jahren, sind jedenfalls besetzt. Rund die Hälfte von Kindern.

Auf der Bühne versuchen die Clowns der Traumfrau auf einer Klappleiter hinterherzufahren. Die Landschaft im Hintergrund rast vorbei, und die Leiter droht bei diesem Affenzahn die ganze Zeit umzukippen. Verzweifelt rennen die zwei auf der Stelle, stolpern über ihre eigenen Füße, wenn sich die Richtung mal wieder ändert und sie – angeblich – von der flitzenden Leiter gefallen sind. Albern? Ja. Wunderbar albern. Die Schulklasse neben mir johlt.

ZUR PAUSE geht es raus in die Halle. An einer improvisierten Theke leiste ich mir ein Glas Bohemia-Sekt und schlendere damit zum spektakulären Treppenhaus, denn die Architektur dieses seltsamen gläsernen Kubus ist ja schon ein Erlebnis an sich! Stanislav Libenský verkleidete die Außenwand mit 4.306 handgeblasenen Glasbausteinen, jeweils 40 Kilo schwer. Die Wendeltreppe ist aus dunkelgrünem Marmor, fast schon bedrohlich, und in der Mitte hängt über alle Etagen eine extravagante Lampe mit Glasstücken, die wie spitzer Bergkristall aussehen. Über den ganzen Eingangsbereich bis zum Theatersaal verteilt sich das Café Nona. Tagsüber habe ich schon ein paarmal hier am Laptop Texte geschrieben. Ganz im Sinne des Erbauers, denn Libenský hat das Gebäude ("Neue Szene") als »aktiven künstlerischen Organismus« konzipiert. Der Gong schlägt, vor allem die Kinder zieht es möglichst schnell wieder auf die Plätze. Und auch mich beschäftigt ab sofort vor allem eines: Bekommen die Clowns die Tänzerin nun oder gewinnt der Zauberer?

WENN MAN SCHON MAL HIER IST:
Die Nová Scena ist Teil des **Nationaltheaters** (siehe S. 72) gleich nebenan. Das **Café Slavia** schräg gegenüber besteht seit 1884 und war Stammlokal von Bedřich Smetana, Karel Čapek, Lenka Reinerová oder Václav Havel. Unter dem Bild *Absinthtrinker* von Victor Oliva (1901) schmeckt die grüne Fee am besten. Ansonsten ist auch der **Wenzelsplatz** □→ (siehe S. 70) gleich um die Ecke.

KAPITÄN
IM ZICKZACKKURS

MIT DEM TRETBOOT
AUF DER MOLDAU

NEUSTADT-->

🚩 NÁRODNÍ
DIVADLO

+ + + S T E C K B R I E F + + +
WO? SLAWISCHE INSEL (SLOVANSKÝ OSTROV)
+++ TRAM 14/17 NÁRODNÍ DIVADLO +++ WANN?
APRIL-OKTOBER TÄGLICH 11-23 UHR +++ WIE
VIEL? 200 KRONEN PRO STUNDE. 5-PERSONEN-BOOT
350 KRONEN +++

GÜNSTIG, FAMILIENFREUNDLICH

»ICH WILL MIT DEM AUTO über die Moldau
fahren«, sagt Samík sehr bestimmt. Und der junge Verleiher auf der Slawischen Insel nickt beflissen, schließlich sind die Tretboot-Rolls-Royce teurer als die üblichen
Boote. Aber so sehr sich der Achtjährige auch streckt, er
kommt mit den Füßen nicht an die Pedale. Also gehen wir
doch zu viert auf eines dieser Flöße mit Liegestühlen und
Fahrradantrieb. Etwas wackelig fühlt es sich an. Widerwil-
lig schlüpft Samík in eine quietschgrüne Schwimmweste.
Bezahlt wird nachher, je nachdem, wie lange man fährt.
Lange! Wir haben extra Proviant dabei, zwei Kilo frische
Kirschen. Ein kühles Bier, das wäre jetzt toll. Aber der junge Mann winkt ab: kein Alkohol mit aufs Boot! Und auch
nicht woanders Bier kaufen, schärft er uns streng ein,
denn Anlegen ist tabu. Na gut, eine Limonade tut's auch.

ZÜGIG STRAMPELN WIR LOS, fürs Erste
Samíks Mutter Karolina und ich, damit wir schnell raus-
kommen zu den gefühlt Tausenden von anderen Tret-
und Ruderbooten, schwimmenden Bars mit Feierwütigen,
stolzen Schwänen mit Liebespaaren. Wir beschließen, um
die Slawische Insel herum und stadtauswärts zu fahren.
Da soll es irgendwann schön grün werden. 31 Kilometer
lang schlängelt sich die Moldau durch Prag, und wir sind
hoch motiviert. Es riecht nach Flusswasser, Sonne und
bald auch ein klitzekleines bisschen nach Schweiß. Aber
nach ein paar Hundert Metern ist die Fahrt zu Ende – der
eh schon flache Fluss wird durch einen Staudamm auf-
gestockt. Da kommen wir nicht weiter.
Bereitwillig überlassen wir Samík und seiner Oma die Pedale und entspannen uns auf den Rücksitzen. Wir sind
jetzt etwa auf der Höhe der Galerie Mánes, außer Sicht-
weite des Verleihers. Guck mal, zeigt Karolina, da drüben
gibt es Bier. Ein großes Schild verspricht auf Englisch:
»Holen Sie sich ein Bier, ohne das Boot zu verlassen. Wir
bedienen Sie auf dem Wasser!« Samík stöhnt über die
nervige Schwimmweste, und wir werfen uns vielsagende
Blicke zu: ein andermal. Das wäre jetzt keine gute Idee,
die Regeln des Verleihers zu brechen.

IM ZICKZACKKURS geht es zurück in Richtung Altstadt. Wenn Samík strampelt, muss er sich am Steuerhebel festhalten. Versucht er hingegen, sich auf das Lenken zu konzentrieren, radelt nur die Oma, und das Boot fährt im Kreis. Zeit fürs Picknick. Samík kann definitiv am Weitesten mit den Kirschkernen spucken. Wir versuchen auch, die (echten) Schwäne zu treffen, die kurz dachten, wir wollten sie füttern. Aber sie schwimmen schnell weg. Dann tauschen wir wieder die Plätze. Nur das Ruder behält Samík in der Hand. Der Kapitän experimentiert, wie kurzfristig man den anderen Booten ausweichen kann. Zum Glück sind die Engländerinnen, die wir fast rammen, sehr fröhlich, offenbar hatten auch sie den Bier-Service entdeckt.

Wir fahren unter der Brücke der Legionen durch und bis zur nächsten Stauung vor der Karlsbrücke, einmal um die Schützeninsel herum, drehen ein paar Extrakreise und machen noch drei längere Picknickpausen. Dann sind alle Kirschen aufgegessen. Zurück an der Anlegestelle berechnet der Verleiher sehr großzügig eine Stunde. Samík strahlt, und wir gehen erst mal ein Bier trinken.

WENN MAN SCHON MAL HIER IST:

Die **Slawische Insel** mit dem **Žofín-Palast**, einer Parkanlage und einem riesigen Spielplatz gehört zu den schönsten Inseln Prags. Von der Insel aus schauen Sie direkt auf das **Nationaltheater** ☐→ (siehe S. 72) und das deutsche **Goethe-Institut**. Weiter rechts lockt das **Tanzende Haus** (siehe S. 71). Auf der **Schützeninsel** nebenan sitzen die Romantiker am Grasstrand. Hier gibt es öfter Konzerte oder Open-Air-Kino.

WENN MAN SCHON MAL IN DER NEUSTADT IST

+++ SEHEN +++
+++ ESSEN +++
+++ AUSGEHEN +++
+++ SHOPPEN +++
+++ SCHLAFEN +++

WENZELSPLATZ

Der Wenzelsplatz ist das Herz Prags. Alle politischen Umbrüche haben zu Füßen der **Statue des heiligen Wenzel** stattgefunden: die Proteste gegen die Habsburger 1848, der Einmarsch der Sowjetarmee 1968 oder Václav Havels Aufruf zur friedlichen Revolution 1989. Die prächtigen Bauten wie das Jugendstil-Hotel **Europa**, der **Koruna-Palast** oder das majestätische **Nationalmuseum** bilden eine fast gegensätzlich anmutende Kulisse für den Großstadtalltag mit seinen Autos, Würstchenbuden und dem aggressiven Straßenstrich.

+++ VÁCLAVSKÉ NÁMĚSTÍ +++ METRO A/B MŮSTEK ODER METRO A/C MUZEUM +++

KARLSPLATZ

Der Karlsplatz war einst der größte Marktplatz Prags. Dominiert wird er vom **Neustädter Rathaus**, gebaut ab 1377 unter Karl IV. als Verwaltungszentrum der Neustadt. Hier fand 1419 der erste Prager Fenstersturz statt. Östlich davon steht die barocke Kirche **St. Ignatius** von Architekt Giovanni Orsi. Das ehemalige Jesuitenkolleg gleich daneben gehört heute zur **Karlsuniversität**. Ein berüchtigtes Alchimistenzentrum war das **Faust-Haus** (Nr. 40). Gleich daneben liegt die Kirche **St. Johannes Nepomuk** am Felsen.

+++ KARLOVO NAMĚSTÍ +++ METRO B KARLOVO NÁMĚSTÍ +++

DAS TANZENDE HAUS

Man scheint Fred Astaire vor sich zu sehen, in Tangohaltung, mit geschwellter Brust, in seinem Arm Ginger Rogers, dezent an ihn gelehnt, einen Fuß nach hinten gespreizt. Das dekonstruktivistische »Tanzende Haus« (Tančící dům) der Architekten Owen Gehry und Vlado Milunić, 1996 fertiggestellt, ist ein architektonisches Highlight. Und wer im Restaurant Fred & Ginger oder der Glass Bar etwas isst und trinkt, kann auch die Aussicht von oben genießen.

+++ RAŠINOVO NÁBŘEŽÍ 80 +++ TRAM 5/14/17 JIRÁSKOVO NÁMĚSTÍ +++

NATIONALTHEATER

Der Prunkbau im Stil der Neorenaissance wurde errichtet als Zeichen der Emanzipation von den Habsburgern im 19. Jahrhundert. Für Künstler wie Mikuláš Aleš, Janez Šubic und František Ženíšek war es eine Ehre, das Innere mit Fresken und viel Gold zu gestalten. Für die Eröffnung schrieb Bedřich Smetana die Oper *Libuše*. Doch nach der Uraufführung 1881 gab es einen Brand, 1883 war die Wiedereröffnung.

+++ NARODNÍ 2 +++ TRAM 1/2/9/11/13/14/17/18/22/23/25 NARODNÍ DIVADLO . +++ NARODNI-DIVADLO.CZ +++ TICKETS JE NACH PLATZ 390 BIS 1.190 KRONEN +++ FÜHRUNGEN NACH ABSPRACHE MIT SYLVANA ŠOLEOVÁ. 224 901 506 ODER S.SOLEOVA@NARODNI-DIVADLO.CZ +++

←▢

JERUSALEM-SYNAGOGE

Die einzige aktive Synagoge außerhalb Josefovs ist mit 850 Sitzplätzen zugleich die größte. Die Nazis sammelten in dem pseudomaurischen Bau von Wilhelm Stiassny den beschlagnahmten jüdischen Besitz, daher blieb er weitgehend unbeschädigt. Seit 1945 wird die Synagoge wieder aktiv von der Kultusgemeinde genutzt. Man kann sie besichtigen oder, noch besser, hier ein klassisches Konzert besuchen.

+++ JERUZALÉMSKA 7 +++ TRAM 2/3/5/6/9/14/24 JINDŘIŠSKÁ +++ SYNAGOGUE.CZ +++ APRIL-OKT. SO-FR 10-17 UHR +++ 100 KRONEN. ERM. 60 KRONEN +++

KANTÝNA

An der Theke dieser Edelkantine sucht man das Fleisch aus, und es kommt direkt auf den Grill. Ein Mekka für Karnivoren – Vegetarier werden hier nicht glücklich. Hamburger für 158 Kronen, Rostbraten für 185 Kronen.

+++ POLITICKÝCH VĚZŇU 5 +++ METRO A/B MUSTEK +++ KANTYNA.AMBI.CZ +++ TÄGL. 11.30-23 UHR +++

SANSHO

Slow Cooking auf Asiatisch. Abends gibt es nur ein 6-Gänge-Menü (900–1.200 Kronen). Allergien oder Abneigungen vorher bekanntgeben, ansonsten: Lassen Sie sich überraschen!

+++ PETRSKÁ 25 +++ TRAM 14 TĚŠNOV +++ SANSHO.CZ +++ TÄGL. MO-FR 11.30-15 UHR UND 18-23 UHR. SA 11.30-15.30 UHR UND 18-23 UHR +++

LÍDOVÁ JÍDELNA TĚŠNOV

Authentischer geht's nicht. Extrem günstig, lecker und eine Art Zeitreise in die 90er, als es solche Lokale allerorten gab. Karierte Tischdecken, Gardinen und Plastikblumen – nur der Zigarettenqualm fehlt mittlerweile.

+++ TĚŠNOV 5 +++ TRAM 14 TĚŠNOV +++ LIDOVAJI DELNA.CZ +++ TÄGL. NUR 10.30-19 UHR +++

CAFÉ IMPERIAL

Das spektakulärste Kaffeehaus der Stadt mit einzigartigen Reliefkacheln an den Wänden und Decken. Ein echtes Kunstwerk! Das Essen ist sehr gut, und der Mittagstisch auch recht günstig.

+++ NA POŘÍČÍ 15 +++ METRO B NÁMĚSTÍ REPUBLIKY +++ CAFEIMPERIAL.CZ +++ TÄGL. 7-23 UHR +++

LUCERNA MUSIC BAR

Viele (gute) Livekonzerte und am Wochenende fröhliche 80er-Jahre-Partys mit Video-Clips von John Travolta oder Michael Jackson.

+++ VODIČKOVA 36 +++ METRO A/B MŮSTEK ODER TRAM 1/ 3/5/6/9/14/24 VODIČKOVA +++ MUSICBAR.CZ +++

NAPLÁVKA □↑

Die sogenannte »Aufschwemm-Stelle« war noch bis vor wenigen Jahren ein düsterer Fleck Prags, von dem man sich abends lieber fernhielt. Mittlerweile hat sie sich zu Prags Partymeile Nummer eins gemausert. Auf stillgelegten Booten kann man wunderbar seinen Apéro in der Abendsonne trinken. Samstags findet ein Farmermarkt statt, und eigentlich ist hier auch sonst ständig irgendein Flohmarkt, Wine-Tasting oder Open-Air-Konzert.

+++ RAŠÍNOVO NÁBŘEŽÍ +++ TRAM 2/3/4/5/7/12/ 17/21 VÝTO +++

+ + + + + + + + + + + SHOPPEN + + + + + + + + + + + +

CZECHDESIGN

Czechdesign ist ein beliebtes Web-Magazin über ... tschechisches Design. Entsprechend findet man die neuesten, spannendsten Produkte im Shop.

+++ VOJTĚŠSKÁ 3 +++ METRO B KARLOVO NÁMĚSTÍ +++ CZECHDESIGN.CZ +++ MO-FR 12-19 UHR, SA/ SO GESCHL. +++

KOH-I-NOOR HARDTMUTH

1790 wurde die Budweiser Bleistiftfabrik gegründet und hat sich bis heute gehalten. Im Geschäft gibt es Stifte, Zubehör, Künstlerbedarf – also lauter perfekte Mitbringsel.

+++ NA PŘÍKOPĚ 26 +++ METRO B NÁMĚSTÍ REPUBLIKY +++ KOH-I-NOOR.CZ +++ TÄGL. 10-20 UHR +++

+ + + + + + + + + + + **SCHLAFEN** + + + + + + + + + + + +

MOSAIC HOUSE

Das Mosaic House ist ein Vorreiter in Sachen Nachhaltigkeit (die hauseigene Kläranlage mit Wärmerückgewinnung ist nicht nur in Tschechien außergewöhnlich) und bietet gleichzeitig guten Komfort für alle Preisklassen, vom Hostelbett bis zum schicken Penthouse (15 bis 219 Euro). Die Partys auf dem Dach sind legendär.

+++ ODBORŮ 4 +++ METRO B KARLOVO NÁM. ODER TRAM 5 MYSLÍKOVA +++ MOSAICHOUSE.COM

BOAT HOTEL MATYLDA

Wer das Plätschern der Moldau die ganze Nacht hören will, kann das auf dem Hausboot Matylda und dem Beiboot Klotylda mitten im Zentrum Prags tun. 25 komfortable Zimmer hat das »Botel«, ein gutes italienisches Restaurant an Bord – und ein exklusives Sonnendeck (DZ 129–189 Euro).

+++ MASARYKOVO NABŘEŽÍ +++ TRAM 5/14/17 JIRÁSKOVO NÁMĚSTÍ +++ BOTELMATYLDA.CZ +++

3
KLEINSEITE UND SMÍCHOV

+++ ERLEBEN +++

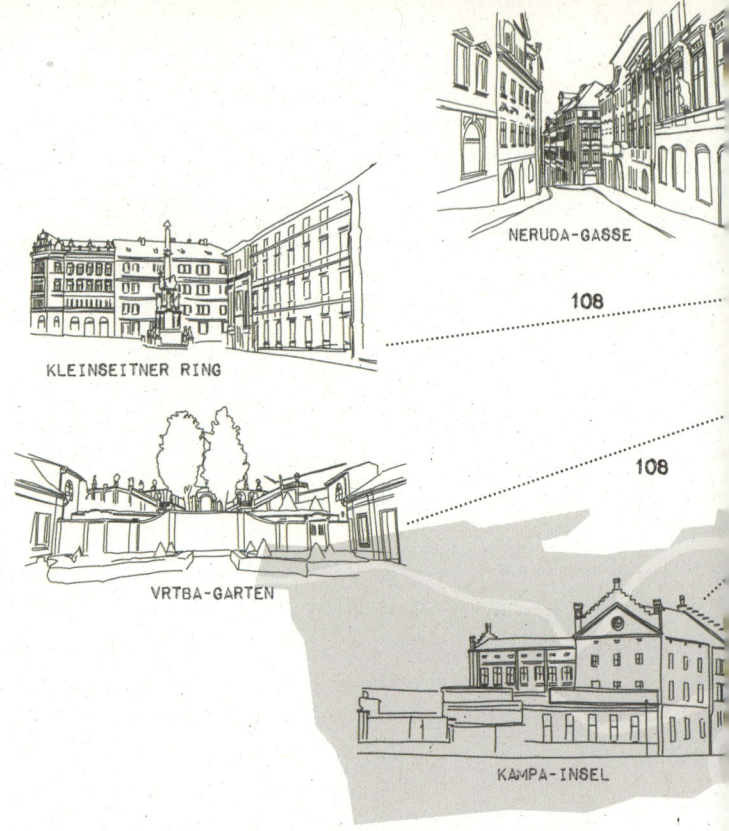

NERUDA-GASSE

108

KLEINSEITNER RING

108

VRTBA-GARTEN

KAMPA-INSEL

VERWINKELTE GASSEN mit Kopfsteinpflaster, bunte Fassaden mit Häuserzeichen, viele Parkanlagen: Die Kleinseite ist der malerischste Teil Prags. Seit dem Mittelalter leben hier Menschen, von 1257 bis 1784 hatte sie eigenes Stadtrecht. Auf dem Königsweg, der Nerudova, strömen heute die Touristen zur Burg hinauf.

Schleichend geht die Kleinseite in den Stadtteil Smíchov über. Am Ufer sieht man noch die alten Jugendstilfassaden, aber je weiter man vordringt, umso grauer werden sie. Im ehemaligen Industriegebiet stehen seit 1989 die meisten Fabriken leer – und bieten Platz für alternative Projekte wie die Meetfactory.

KLEINSEITE-->
SMÍCHOV-->

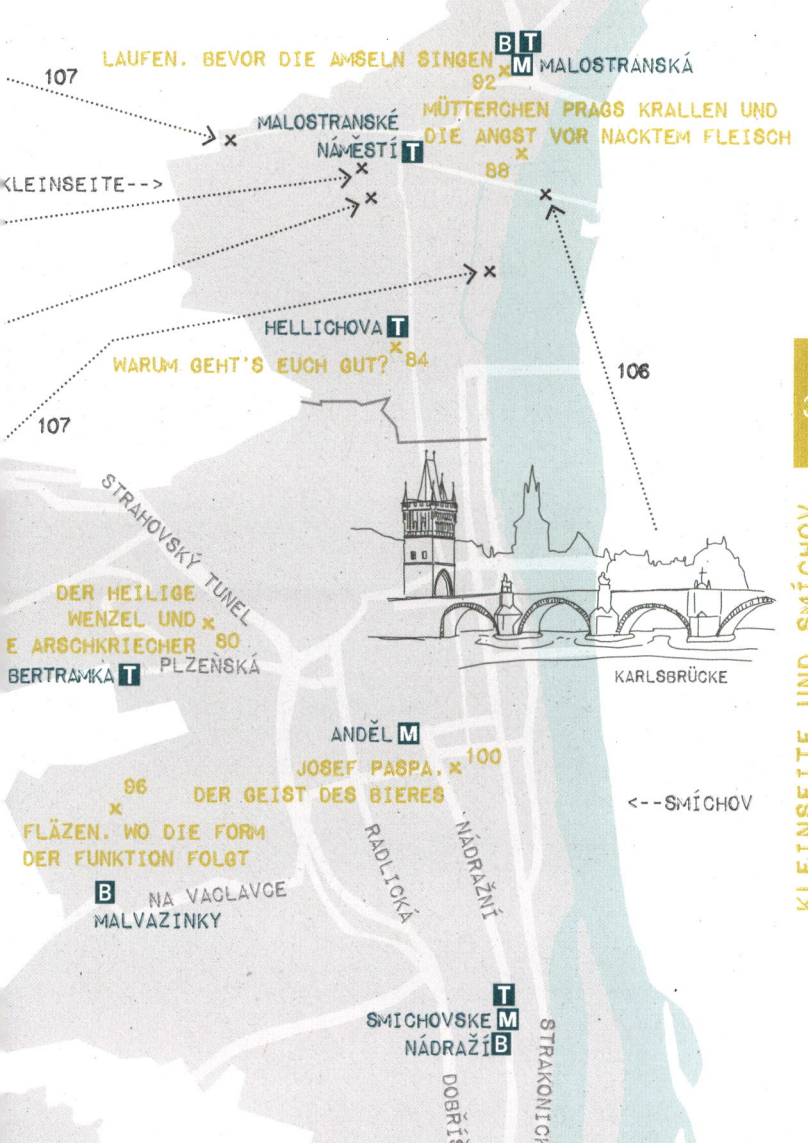

LAUFEN, BEVOR DIE AMSELN SINGEN ×B T MALOSTRANSKÁ
92
MÜTTERCHEN PRAGS KRALLEN UND
MALOSTRANSKÉ DIE ANGST VOR NACKTEM FLEISCH
NÁMĚSTÍ T 88 ×
107 ×

KLEINSEITE-->
×

×

HELLICHOVA T
WARUM GEHT'S EUCH GUT? × 84
107 106

STRAHOVSKÝ TUNEL

DER HEILIGE
WENZEL UND ×
E ARSCHKRIECHER 80
BERTRAMKA T PLZEŇSKÁ

KARLSBRÜCKE

ANDĚL M
JOSEF PASPA. × 100
96 DER GEIST DES BIERES
× <--SMÍCHOV
FLÄZEN, WO DIE FORM
DER FUNKTION FOLGT

B NA VACLAVCE
MALVAZINKY

RADLICKÁ NÁDRAŽNÍ

T M
SMICHOVSKÉ
NÁDRAŽÍ B STRAKONICKÁ

DOBŘÍŠSKÁ

DER HEILIGE WENZEL UND DIE ARSCHKRIECHER

AUF DEN SPUREN DES KÜNSTLERS DAVID ČERNÝ

BERTRAMKA

SMÍCHOW --›

+ + + S T E C K B R I E F + + +

WO? BEGINN AM BESTEN IN DER GALERIE FUTURA +++ HOLEČKOVA 49 +++ TRAM 4/5/7/9/10/12/15/16/20/21 BERTRAMKA +++ WANN? DIE GALERIE FUTURA HAT GEÖFFNET MI-SO 11-18 UHR +++ DAVIDCERNY.CZ +++ WIE LANGE? CA. 2 STUNDEN +++ WIE VIEL? KOSTENLOS! +++

IN DIESEN ARSCH ZU KRIECHEN

macht fröhlich! Ich muss bereits grinsen, als ich den über-
dimensionierten Hintern im Hinterhof der Galerie Futura
sehe. Eine Leiter führt hinauf zum weit geöffneten Loch.
Und die Aussichten sind nicht rosig – eher, na ja, braun,
wie der Name der Skulptur verrät: Brown-Nosers, übersetzt: Arschkriecher. Igitt! Ein kleines bisschen Überwin-
dung kostet es schon, die rund fünf Meter hochzuklet-
tern und dann tatsächlich mit dem ganzen Kopf in den
Darmausgang einzutauchen. Zum Glück ist dieser dann
mit einem Bildschirm verschlossen. Ein Dauerfilm zeigt
zwei tschechische Politiker, die sich gegenseitig mit Brei
füttern. Dazu scheppert *We are the Champions* durch die
Eingeweide. Schwarzer (tschechisch: černý) Humor, haar-
scharf an der Schmerzgrenze. Typisch David Černý!

GEBOREN 1967 IN PRAG, ist Černý Tschechiens wohl provokantester – und berühmtester – Künstler. Überall in der Stadt findet man seine Skulpturen, und es lohnt sich, ihnen einen Spaziergang zu widmen.

Wichtigste Station für deutsche Reisende ist der Garten der Deutschen Botschaft. Tausende DDR-Bürger kletterten 1989 über den meterhohen Zaun, um in den Westen zu gelangen. Ihre Trabbis ließen sie einfach in Prag stehen. Eines dieser herrenlosen Kunststoffautos stellte Černý später auf hohe, nackte Beine und nannte die Skulptur *Quo vadis?* (Wohin gehst du?). Ich jedenfalls gehe als Nächstes zur Kampa-Insel. Im Café Mlýnská, das Černý sein Wohnzimmer nennt und für dessen Theke er lauter Krimskrams in Kunststoff gegossen hat, gönne ich mir ein schnelles Bier. Dann geht's weiter zu den drei gruseligen Riesenbabys Miminky, die keine Gesichter haben, sondern stattdessen in den Kopf gedrückte Barcodes. Schon von Weitem höre ich Jugendliche, die darauf reiten und sich johlend gegenseitig fotografieren. Aber das ist noch nichts gegen das Gelächter vor dem Kafka Museum auf der Kleinseite. Zwei Manneken Pis schwenken ihr bestes Stück und pinkeln in die Umrisse von Tschechien. Unzählige Tourist(inn)enhände helfen ihnen dabei ...

AUF DER ANDEREN SEITE der Moldau geht es munter sarkastisch weiter. Hoch über der Husová-Straße, Ecke Betlemská, hängt Sigmund Freud einhändig, der Angst vor dem Tod trotzend. An der Regenrinne des Theaters Na Zábradlí klebt ein Embryo – nachts leuchtet die Nabelschnur. Und ein paar Straßenecken weiter, an der Metrostation Národní třída, schwirrt Kafka im wahrsten Sinne des Wortes der Kopf – er dreht sich in 42 Schichten zu immer neuen Formationen.

Zeit für eine Belohnung: Heiße Schokolade im Lucerna-Café mit Fenstern in die Passage der Familie Havel. Ein Pferd schwebt kopfüber vor mir, mit Ketten um die Hufe an die Decke geknüpft, Kopf und Schwanz zur Erde gestreckt, lang hängt die Zunge heraus. Ratlos sitzt ein Ritter auf dem Bauch und baumelt mit den Beinen. Es ist Wenzel, der Schutzheilige Tschechiens, und die Skulptur eine Parodie auf das heroische Reiterdenkmal auf dem Wenzelsplatz. Was für eine Blasphemie! Unterkriegen lässt sich Wenzel jedoch nicht, er reckt noch immer stolz seine Lanze. Typisch Černý eben!

WENN MAN SCHON MAL HIER IST:

Nur ein paar Schritte sind es zum **Wenzelsplatz** (siehe S. 70), und eine Straße weiter liegt das **Mucha Museum** (Panská 7). Die **Lucerna-Passage** □→ der Familie Václav Havels verbindet zwei Straßen miteinander wie eine Abkürzung. So gelangt man von der Štěpánská auf die Vodičkova. Und schräg gegenüber lässt sich das Spiel fortsetzen: Hinein geht's beim **Kino Světozor**, und heraus kommt man im verwunschenen **Franziskanergarten** am Jungmannovo náměstí.

WARUM GEHT'S EUCH GUT?

PRAG DURCH DIE AUGEN EINES OBDACHLOSEN SEHEN

KLEINSEITE-->
HELLICHOVA

+ + + S T E C K B R I E F + + +
WO? TREFFPUNKT JE NACH ABSPRACHE +++ WANN?
UNTERSCHIEDLICH +++ TEL. 725 314 930 +++
PRAGULIC.CZ +++ WIE LANGE? 2 STUNDEN +++
WIE VIEL? 250 KRONEN +++ WICHTIG! ES GIBT
AUCH 24-STUNDEN-ERLEBNISSE UND WINTER-SURVI-
VAL-TIPPS VON OBDACHLOSEN BEI PRAGULIC! +++

GÜNSTIG, FAMILIENFREUNDLICH

ES IST HEISS. Die Schüler der Gruppe vom internationalen Austausch sind sichtlich erschöpft. Träge sitzen sie auf den wenigen Schattenplätzen am Denkmal für die Opfer des Kommunismus. Wir warten auf Vojtěch. Einen Obdachlosen. Zwei Stunden lang wollen wir mit seinen Augen auf Prag schauen. Vojtěch macht Führungen für Pragulic (Ulice = Straße), eine Organisation, die Obdachlosen hilft – indem sie Touristen führen.

Ein kleiner Mann kommt auf uns zu. Könnte er das sein? Vollbart, verschwitztes Haar, helle Cargo-Shorts, blaues T-Shirt. Sieht eigentlich ganz normal aus. »Hi. How are you?«, fragt er. Alle stehen langsam auf, sagen höflich: »Thank you. Fine!« Vojtěch guckt freundlich in die Runde und fragt: »Why?« Die Schüler schauen sich verblüfft an. Warum? Keine Ahnung! Sagt man halt so. Was ist das denn für ein skurriler Typ? Alle sind jetzt wach. Die Führung kann losgehen.

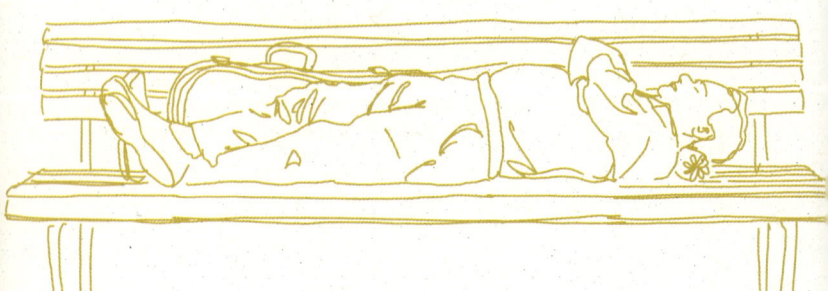

»MIR GING ES auch lange gut, ohne dass ich darüber nachgedacht habe, warum«, beginnt der 51-Jährige.
Er wollte immer schon Musiker werden, und das ist ihm
geglückt! Er war gut. Nach dem Konservatorium bekam
er eine Festanstellung im Nationaltheater. Die kündigte
er nach der Samtenen Revolution, um mit einem eigenen
Quintett viel mehr Geld zu verdienen. Dann begannen die
Alkoholprobleme. Er verpasste Chancen, hatte keine Auf-
träge mehr. Seine Mutter starb. Und er landete auf der
Straße.

Zuerst nimmt er uns mit zum Fluss hinunter auf die Kampa-Insel. Hier hat Vojtěch am Anfang viel Zeit verbracht.
Er übernachtete auf Parkbänken. Er zeigt uns, wo ein
recht versteckter Platz ist. Einer der seltenen Rückzugs-
orte. Dann packt Vojtěch seine Geige aus. Er will uns ein
Ständchen spielen, ein Stück von Josef Mysliveček, einem
Seelenverwandten. Mysliveček war einer der berühmtes-
ten tschechischen Komponisten, Freund von Wolfgang
Amadeus Mozart – und endete in totaler Armut.

Die Finger sind ein wenig steif nach all den Jahren, und
das Spiel ist nicht perfekt, aber alle sind mucksmäuschenstill. Eben hatten wir noch den saufenden Vojtěch vor
dem inneren Auge, jetzt lernen wir den Schöngeist kennen, der er davor mal gewesen sein muss.

WIR GEHEN ÜBER die kleine Brücke zur John-Lennon-Wand. Die, immer wieder übermalt, sei nur noch eine schrille Kopie, findet Vojtěch. In den 80er-Jahren war das Porträt noch ein politisches Statement. Als Jugendlicher traf er sich hier mit Freunden, diskutierte, feierte, bis die Polizei dazwischenging. *Hey Jude* spielt Vojtěch auf der Geige, und die Mädchen singen mit. »Take a sad song and make it better …«

Wir begleiten ihn zur Karlsbrücke und zum Kafka Museum. Das stand Jahrzehnte als Ruine leer, und Vojtěch hat als Jugendlicher mit rund 100 anderen regelmäßig hier Partys gefeiert. Vor dem Rudolfinum spielt er dann ein Stück von Dvořák. Wir setzen unseren Weg fort zum Konservatorium. Zu einem Restaurant, wo die Musikschüler immer herumlungerten, wenn sie den Unterricht schwänzten. Wir hören viele Anekdoten aus Vojtěchs Jugend. Lustig – und grausam, wenn man das Ende kennt. Aber Moment, das ist ja gar nicht das Ende! Das Ende ist, dass Vojtěch 19 sehr aufmerksame Zuhörer hat, gemocht und respektiert wird. In ein paar Jahren, verspricht er uns, werden wir ihn wieder in einem Konzertsaal hören.

WENN MAN SCHON MAL HIER IST:

Das **Denkmal für die Opfer des Kommunismus** □→ am Fuß des Petřín von dem Bildhauer Olbram Zoubek und den Architekten Jan Kerel und Zdeněk Hölzel erinnert an die Jahre 1948 bis 1989. Von hier aus sind es nur ein paar Schritte bis zur **Kampa-Insel** (siehe S. 197). Auch der **Kleinseitner Ring** (siehe S. 108) und die **Karlsbrücke** (siehe S. 106) sind fußnah.

MÜTTERCHEN PRAGS KRALLEN UND DIE ANGST VOR NACKTEM FLEISCH

SPAZIERGANG DURCH DAS FRANZ KAFKA MUSEUM

MALOSTRANSKÉ NÁMĚSTÍ **T** ✕

KLEINSEITE-->

+ + + S T E C K B R I E F + + +
WO? CIHELNÁ 2B +++ METRO A MALOSTRANSKÁ ODER
TRAM 1/2/12/15/20/22 MALOSTRANSKÉ NÁMĚSTÍ +++
WANN? TÄGLICH 10-18 UHR +++ TEL. 257 535 373
+++ KAFKAMUSEUM.CZ +++ WIE LANGE? ETWA
1.5 STUNDEN +++ WIE VIEL? 200 KRONEN. ERM.
120 KRONEN +++

Schelesen 1

Liebster Vater

Du hast mich letzthin einmal gefragt warum ich behauptete, ich hätte Furcht vor Dir. Ich wusste Dir, wie gewöhnlich nichts zu antworten, zum Teil eben aus der Furcht die ich vor Dir habe, zum Teil deshalb weil zur Begründung dieser Furcht zu viele Einzelheiten gehören, als dass ich sie im Reden halbwegs zusammenhalten könnte. Und wenn ich hier versuche Dir schriftlich zu antworten, so wird es doch nur sehr unvollständig sein, weil auch im Schreiben die Furcht und ihre Folgen mich Dir gegenüber behindern und weil die Grösse des Stoffs über mein Gedächtnis und meinen Verstand weit hinausgeht.

Dir hat sich die Sache immer sehr einfach dargestellt wenigstens soweit Du vor mir und, ohne Auswahl, vor vielen andern davon gesprochen hast. Es schien Dir etwa so zu sein: Du hast

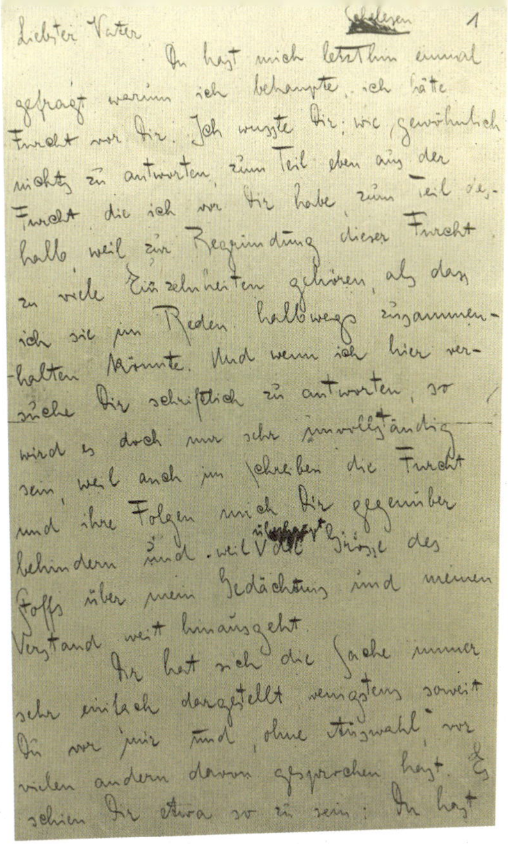

DIE ALTE Herget Ziegelbrennerei auf der Kleinseite ist ein fröhlicher Ort. Im Innenhof fotografieren sich Touristen gegenseitig vor dem *Piss-Brunnen* von David Černý. Links kann man schreiend bunt bemalte Lebkuchen kaufen. Daneben liegt ein schönes Restaurant mit Terrasse direkt an der Moldau. Pures Leben. Geradeaus schaue ich auf eine haushohe Skulptur, ein schwarzes K. Ein Poster an der Wand verrät, dass hinter dieser Tür das Franz Kafka Museum ist. Hier? Was hatte Kafka mit der Kleinseite zu tun? Wenig. Aber es war der einzige freie Platz, als die Wanderausstellung über sein Leben und Werk, im Ausland jahrelang ein Kassenschlager, 2005 nach Prag zurückkehrte. Bis dahin taten sich die Stadtväter schwer mit dem Superstar der Prager Souvenirshops. Der Jude, der nicht Tscheche, nicht Deutscher war, gehört zum komplizierten Erbe der Deutschböhmen.

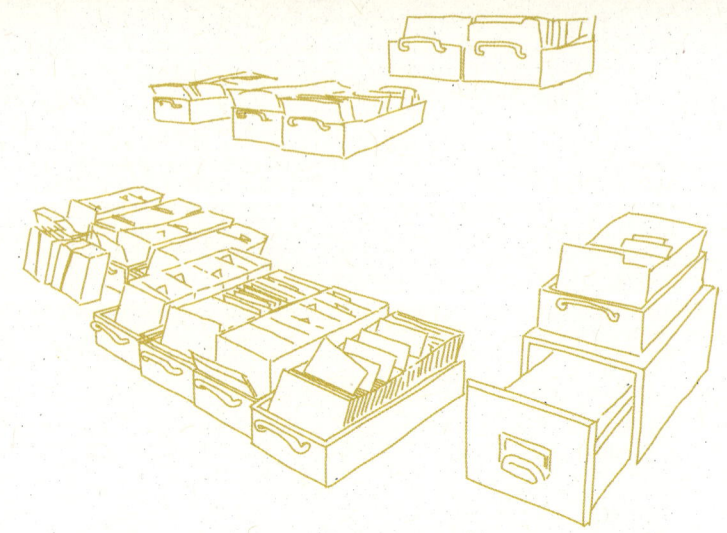

KAFKAS FINSTERE GEDANKEN umgeben mich ab dem Moment, als ich aus dem lichten Empfangsraum eine Treppe hinaufgehe. Es wird dunkel um mich herum. Ich höre eine Art Blubbern, unterlegt mit schwermütiger Musik. Eine Diashow aus Schwarz-Weiß-Bildern begleitet mich. Fotos von Prag, aufgenommen zu Kafkas Lebzeiten – zwischen 1883 und 1924. Rathausuhr, Pinkas-Synagoge oder Karlsbrücke, verschwommen, wie durch Wasser. Das jüdische Viertel, in dem er aufwuchs, war im Wandel begriffen. Ich sehe alte, baufällige Häuser. Kafka haderte mit der Stadt, ging aber nie fort. »Prag lässt nicht los«, lese ich in einem Brief an seinen Freund Max Brod: »Dieses Mütterchen hat Krallen.«

Noch komplizierter war sein Verhältnis zu Menschen. Vor allem zu seinem Vater. Seine Handschrift im berühmten *Brief an den Vater* scheint vor Wut ganz ungelenk. Kafka fühlte sich isoliert. Dabei hatte er Kontakte zum Philosophenzirkel im Salon von Berta Fanta, wie Bilder zeigen. Und sein Freund Isaac Löwy machte ihn mit dem jiddischen Theater vertraut. Die Porträts von fünf Frauen werden mit Licht auf mehrere Leinwände hintereinander geworfen. Alle Beziehungen scheiterten. An Kafkas »Angst vor nacktem Fleisch«, vermutete eine von ihnen, Milena Jesenská.

DAMIT STEIGE ICH ein Stockwerk tiefer in den literarischen Kosmos Kafkas hinab. Immer wieder hat er in seinem Werk den tristen Alltag des ungeliebten »Brotberufs« als Jurist in einer Versicherungsgesellschaft aufgegriffen. Er empfand die Prager Bürokratie als grotesk, lebensfeindlich. Ich komme durch einen schmalen Gang zwischen lauter Karteikarten-Schubladen bis hoch zur Decke. Teilweise kann man sie herausziehen und Zitate oder Ausschnitte aus seinen Büchern studieren. Irgendwo hängt ein rotes Wandtelefon. Ich hebe den Hörer ab. Eine Stimme liest mir aus *Der Prozess* vor. Ich laufe durch ein bedrückendes Spiegelkabinett. In einem Film wird in einen nackten Rücken »Ehre deinen Vorgesetzten« geritzt. Der Schnitt beginnt langsam zu bluten.

Die ganze Zeit höre ich Kafkas Umwelt mit seinen Ohren: schrille, dissonante Geräusche, Stöhnen, teils eine fast unerträgliche Kakofonie, unterlegt mit der *Moldau* von Smetana. Gegen Ende seines Lebens, als er schon von Tuberkulose zerfressen war, schrieb Kafka: »Das Schönste an meiner Beerdigung ist die Stille.« Ich dagegen, ich sehne mich jetzt nach Sonne. Und nach dem fröhlichen Leben im Ziegelei-Hof.

WENN MAN SCHON MAL HIER IST:

Aus dem Hof der Ziegelei heraus und nur wenige Schritte in Richtung **Karlsbrücke** (siehe S. 106) stößt man auf die **engste Gasse von Prag**. Gehen Sie lieber erst, wenn die Fußgängerampel Grün zeigt. Die Gasse ist so eng, dass zwei Menschen nicht aneinander vorbeipassen. Über den **Kleinseitner Ring** (siehe S. 108) □→ und die **Nerudova-Straße** (siehe S. 107) kommen Sie zur **Prager Burg** (siehe S. 126) mit dem **Goldenen Gässchen**, in dem Kafka ein Jahr lang arbeitete.

LAUFEN, BEVOR DIE AMSELN SINGEN

EINE JOGGING-RUNDE ENTLANG DER MOLDAU

BTM MALOSTRANSKÁ

KLEINSEITE-->

+ + + S T E C K B R I E F + + +
WO? START METRO A MALOSTRANSKÁ ODER TRAM 1/2/12/15/18/20/22/25 MALOSTRANSKÁ +++ **WANN?** FRÜHMORGENS VOR DEN TOURISTEN DA SEIN! +++ FÄHRVERKEHR VON NAPLÁVKA NACH SMÍCHOV AB 8.05 UHR. ANSONSTEN GEHT ES ÜBER DIE EISENBAHNBRÜCKE +++ **WIE LANGE?** ETWA EINE HALBE STUNDE +++

MAN HATTE MICH GEWARNT. Wenn du über die Karlsbrücke laufen willst, musst du da sein, bevor die Amseln zu singen beginnen, hatte mir ein erfahrener Jogger mit auf den Weg gegeben. Aber wann singen die Amseln im Oktober? An einem Samstag kurz nach 8 Uhr morgens starte ich fröstelnd den ersten Versuch. Es ist schon hell. Von der Metrostation Malostranska aus gehe ich ein paar Schritte Richtung Mánes-Brücke und biege dann den kleinen Pfad zum Cihelná-Park runter zur Moldau ab. Ich treffe auf Marek, der gerade seine Morgengymnastik macht. Er zeigt mir ein paar neue Tricks zum Warmmachen. Dann trabe ich Richtung Brücke los. Hier angekommen übe ich mich im Slalomlauf – sie ist bereits gut voll mit Touristengruppen und Hobbyfotografen. Ich höre Vögel zwitschern. Das nächste Mal werde ich früher da sein! Den schönen Morgenlauf am Ufer der Moldau will ich mir trotzdem nicht vermiesen lassen.

HINTER DER KARLSBRÜCKE biege ich in die Unterführung ab und laufe den Gehsteig oberhalb der Moldau entlang. Die Luft ist noch kalt, die Sonne kämpft sich erst langsam durch. Träge schwimmen Enten auf dem Fluss, noch sind sie ungestört von Booten. An der Slawischen Insel gönne ich mir einen winzigen Abstecher und umrunde die Skulptur von Schriftstellerin Božena Němcová. Hinter der Mánes-Galerie kann ich endlich direkt an den Fluss hinunter. Ganz viele Jogger und Fahrradfahrer hatten offenbar ebenfalls die Idee, der Moldau einen morgendlichen Besuch abzustatten. Ich versuche mich auf einem der beiden Streifen aus glatten Steinen zu bewegen, denn das Kopfsteinpflaster setzt meinen Fußgelenken ganz schön zu.

Ich laufe unter der breiten Jirásek-Brücke durch und am Tanzenden Haus vorbei. Rechts von mir am Kai liegen viele ausgediente Kähne vor Anker, die man in Bars und Restaurants umgewandelt hat. Es ist wunderbar still, um diese Zeit ruht Prags Hipster-Meile noch. Erst nach der Palacký-Brücke dringt mir plötzlich der Geruch von Kaffee in die Nase. Der Naplávka-Markt ist bereits aktiv, ich sehe kaum Touristen und viele ältere Gesichter. Konzentriert kaufen die Profis von den fliegenden Händlern das frischeste Gemüse, Brot, Käse oder Eier.

DIE EISENBAHNBRÜCKE ist für Fußgänger gerade gesperrt. Ich ärgere meine warmgelaufene Muskulatur und setze mit der winzigen Fähre über nach Smíchov. Das Ufer hier ist weniger schick, mehr wie ein Hafen, und einen kurzen Moment scheine ich tatsächlich die Einzige zu sein. An der Jirásek-Brücke werde ich in eine Unterführung geleitet, die zum Glück wenig befahren ist. Ab da jogge ich auf dem Fußgängerweg der Uferstraße bis zur Kampa-Insel. Hier treffe ich wieder auf mehr Frühsportler und Hundebesitzer. Die Karlsbrücke wimmelt mittlerweile vor Touristen, da biege ich lieber rechts ab und laufe darunter her. Dann erreiche ich bald auch schon wieder den Cihelná-Park, wo ich ein paar Dehnübungen mache und verschnaufe. Ich bin jetzt rund sechs Kilometer gelaufen.

Fünf Versuche starte ich, die Stadt beim Aufwachen zu erleben. Aber nie begegne ich Prag zerknittert und verschlafen, es ist immer gut gelaunt, charmant selbst bei Herbstwetter. Und immer gesellig. Denn es sind immer, immer, immer Menschen unterwegs. Auch um 6.45 Uhr tummeln sich auf der Karlsbrücke schon die koreanischen Hochzeitspärchen mit ihrer Entourage an Fotografen. Mittlerweile bin ich mir sicher: Die Prager Amseln schlafen gar nicht!

WENN MAN SCHON MAL HIER IST:

Zum Verschnaufen bietet sich eine Pause im frühbarocken **Wallenstein-Garten** (Letenská 4) mit seinen Springbrunnen und Statuen an. In der **Reithalle** gibt es öfter nette Ausstellungen der Nationalgalerie zu sehen. Auch das **Kafka Museum** (siehe S. 88) □→ ist nicht weit. Auf dem Weg kommen Sie am **kleinsten Gässchen Prags** vorbei (siehe S. 91).

FLÄZEN,
WO DIE FORM
DER FUNKTION
FOLGT

EINE NACHT
IN DER VILLA WINTERNITZ

SMÍCHOV--> ✕
🅱 MALVAZINKY

+ + + S T E C K B R I E F + + +
WO? NA CIHLÁŘCE 10 +++ METRO B ANDĚL, DANN
BUS 137 MALVAZINKY +++ WANN? NACH ABSPRACHE +++
TEL. 776 711 382 +++ LOOSOVAVILA.CZ +++ WIE
VIEL? 7.500 KRONEN PRO NACHT (KNAPP 300 EURO) +++

AUCH FUNKTIONALISMUS kann anheimelnd sein. Schon von Weitem sticht die Villa Winternitz ins Auge: ein hell beleuchteter, weißer Kubus. Aus decken-hohen Fenstern strahlt das Licht warm in die kalte Nacht. Es ist die letzte Villa des Architekten Adolf Loos, ausge-führt 1932 von Karel Lhota. Das Gartentor steht offen. Wie ein Handschmeichler liegt der alte, runde Griff der Haustüre in der Hand. Einfach die Klinke runterdrücken und eintreten. Petra Koníčková sitzt hinter einem kleinen Schreibtisch aus feinstem, dunklem, gemasertem Holz und scheint nur auf uns gewartet zu haben. 18 Uhr. Kurz zeigt sie uns, wo Schlafzimmer und Bad sind – und die Küche mit gefülltem Kühlschrank und Kaffeemaschine. Fröhlich-sanfte Swing-Musik begleitet uns. Dann drückt sie mir den Hausschlüssel in die Hand und verabschiedet sich. Die Villa gehört uns. Eine Nacht lang.

»LÍBEJ MĚ, DĚVČE, SLADCE LIBEJ«,

singt R. A. Dvorsky, während wir Teewasser aufsetzen. Unser Abendessen haben wir mitgebracht, schließlich wollen wir uns ganz zu Hause fühlen. Vom Esstisch aus blicken wir auf das Wohnzimmer anderthalb Meter unter uns. Die fast vollständig verglaste Fensterfront lässt es noch größer scheinen. Ja, die berühmte dreidimensionale Raumplanung von Loos ist definitiv extrem elegant!

Loos verabscheute Ornamentik. Die Form müsse der Funktion folgen. Trotzdem zweifelt man keine Sekunde daran, dass sich die Familie Winternitz hier wohlgefühlt haben muss. Nach dem Essen gehen wir hinüber in die Lounge. Hierher zog man sich früher bei Empfängen zurück, um Diskretes zu besprechen – ohne den Raum zu verlassen. Genüsslich fläzen wir mit einem Glas Wein in dieser kleinen, sehr gemütlichen Leseecke. Unseren Absacker trinken wir auf der Terrasse auf dem Dach. Durch die typischen gemauerten »Bilderrahmen« à la Loos hat man einen wunderbaren Blick auf Prag hinunter. Die andere Seite nach Vyšehrad hin ist mittlerweile zugebaut. Dann ist es auch schon Zeit, sich ins erlesene Schlafgemach mit Spiegeltisch und antikem Schallplattenspieler zurückzuziehen.

AM NÄCHSTEN MORGEN werden wir von der Sonne geweckt, im Schlafanzug setzen wir uns mit einem Kaffee ins Wohnzimmer. Um uns herum Fenster, die ganze Villa ist lichtdurchflutet. Um 11 Uhr sind wir mit David Cysař verabredet, dem Urenkel von Josef Winternitz und Hausherrn der Villa. Bis Anfang der 90er-Jahre wusste der junge Kameramann und Familienvater nicht einmal, dass er jüdische Wurzeln hat. Da erst zeigte die Großmutter den Angehörigen ihr Geburtshaus. 1941 war die Familie enteignet worden, nur Winternitz' Witwe und seine Tochter überlebten Auschwitz. Ab 1945 wurde die Villa als Kindergarten genutzt. Erst 1997 bekam die Familie sie zurück, in desaströsem Zustand. Mit wenig Geld und viel Hilfe von der gesamten Verwandtschaft restaurierte Cysařs Vater sie.

David Cysař beschloss 2017, die Schönheit der Villa mit anderen zu teilen: bei Konzerten, Lesungen, Führungen – und Übernachtungen. Josef Winternitz wünschte sich einst ein offenes Haus mit vielen Gästen. Sein Urenkel geht noch weiter. Er gibt gelegentlich sogar den Schlüssel aus der Hand.

WENN MAN SCHON MAL HIER IST:

An der Bushaltestelle Malvazinky vorbei Richtung Friedhof stößt man in den Straßen **Xaveriova**, **Malá Xaveriova** und **Pravoúhlá** auf eine außergewöhnliche Siedlung: winzige Reihenhäuser, jedes nur 3,5 Meter breit – eine Art sozialer Wohnungsbau aus den 1920er-Jahren. Und dann unbedingt ins **Café Snídejte Šampaňske**, übersetzt: Frühstücken Sie Champagner! (Xaveriova 56). Wenn das nicht ein würdiger Abschluss für eine Nacht in der Traumvilla Winternitz ist!

JOSEF PASPA, DER GEIST DES BIERES

EINE INTERAKTIVE TOUR DURCH DIE ALTE STAROPRAMEN-BRAUEREI

SMÍCHOW-->

ANDĚL

+ + + S T E C K B R I E F + + +
WO? NÁDRAŽNÍ 92. EINGANG ZUM BESUCHERZENTRUM AUF DER STRASSE PIVOVARSKÁ +++ METRO B ANDĚL +++ WANN? TÄGL. 10-18 UHR. FÜHRUNGEN NACH ABSPRACHE +++ TEL. 273 132 589 +++ STARO PRAMEN.COM +++ WICHTIG! BUCHUNG ERFORDER- LICH! ALLE FÜHRUNGEN SIND AUF ENGLISCH +++ WIE LANGE? 1 STUNDE – MINDESTENS! +++ WIE VIEL? MIT BIERPROBE (VIER SORTEN) 269 KRONEN. NUR EIN BIER 199 KRONEN. ERM. 239 UND 169 KRONEN. AB 13 JAHREN 149 KRONEN. BIS 12 JAHRE 99 KRONEN. BIS 6 JAHRE FREI – NATÜRLICH OHNE BIER +++

ES KANN KEINEN ZWEIFEL GEBEN:
In der alten Staropramen-Brauerei wird noch Bier gebraut. Sobald man von Anděl aus um die Ecke in die Pivo-
varská-Straße einbiegt, riecht – oder sollte man ehrlicher-
weise sagen: muffelt – es gewaltig nach Malz und Hefe.
Hinter den Fenstern in den gegenüberliegenden Häusern
scheinen Menschen zu wohnen, aber in Tschechien wäre
wohl niemand so verrückt, sich gegen das Grundnah-
rungsmittel Nummer eins zur Wehr zu setzen. Fünf junge
Männer stehen vor der Tür, um ihr Bier auszutrinken, bevor die Führung losgeht. Vielleicht hätte ich mich auch auf
diese Art einstimmen sollen, überlege ich. So aber gehe
ich direkt zur Kasse. In einem altmodischen Glaskasten
reicht mir eine junge Frau das Ticket. Ich berühre aus Versehen ihre Hände. Die sind echt! Das ist für die kommen-
de Stunde die letzte lebende Person, die wir zu Gesicht
bekommen.

WIR SIND HEUTE nur 15 Teilnehmer, oft sind es 35, sagte mir die Kassiererin. Gut so, je weniger Leute, desto zügiger geht es weiter. Denke ich. Bis wir im ersten Saal sind. Eine elektronische Männerstimme begrüßt uns. Sie stellt sich als Josef Paspa vor. Ab jetzt, sagt er, werden wir durch aufleuchtende Lichter und Geräusche elektronisch geführt. Er empfiehlt uns, durch die Periskope zu schauen und die Displays durch Berühren zu aktivieren. Erst wenn das Signal kommt, dürfen wir in den nächsten Raum. Das ist jetzt. Keiner zögert, alle huschen schnell weiter. Offenbar ist die Gruppendisziplin deutlich besser, wenn der Lehrer ein Roboter ist.

Mit sonorer Stimme erzählt uns Paspa in seinem Arbeitszimmer die Geschichte Staropramens. 1869 wurde es gegründet. 1913 bekam es seinen Namen, der »alte Quelle« bedeutet. Zum Kühlen wurde das Eis der gefrorenen Moldau entnommen. Er selbst, erfahren wir, bereitete zwischen 1933 und 1937 die Brauerei für die Zukunft vor: Stahl- statt Holzfässer, neue Kühlgefäße, fünf neue Sudhäuser. Ich kann mir nicht verkneifen, etwas länger in seinem Arbeitszimmer zu bleiben. Warte ab, ob der virtuelle Paspa mich zu den anderen ruft. Aber nein. Es geht einfach das Licht aus.

IM BRAUSAAL mit den schönen alten (leeren) Kupferkesseln hält uns der vermeintliche Paspa dann eine enthusiastische Rede. Der Raum wird abgedunkelt, in einem Bilderrahmen wird seine Rede als Film an die Wand projiziert. Das tschechische Bier ist ganz besonders gut, erklärt er uns. Der Hopfen macht's. Und Staropramen benutzt die fünf besten Hopfensorten der Welt. Seit es in Flaschen abgefüllt wird (wir sehen die alte Anlage), exportiert Staropramen in alle Welt, wie eine interaktive Grafik zeigt, wenn auch nicht mehr auf den schönen Oldtimer-Tatra-Lkws, von denen einer im Saal steht.

Den neuen Teil der Anlage, den, der muffelt, bekommen wir leider nicht zu Gesicht. Aber das ist eigentlich eh nicht nötig. Von der Qualität muss hier niemand überzeugt werden, alle zieht es bereits mächtig Richtung Bar. Ich darf ein Bier auswählen und probiere das Granát, ein Halbdunkles. Die fünf Jungs haben die Bierprobe gewählt und dürfen vier verschiedene Sorten verkosten. Wir sind uns einig: Staropramen ist echt lecker! Vor allem aber ist es sehr schön, dass die Kellnerinnen aus Fleisch und Blut sind.

WENN MAN SCHON MAL HIER IST:

Die Brauerei liegt nah am **Moldauufer** ⤵. Die Smíchover Seite des Flusses ist noch recht ungeschminkt, aber auch hier gibt es Veranstaltungen, Märkte, Konzerte. Man kann Waghalsige im Skate-Park beobachten, Ältere beim Boulespielen, im **Café Nabřeží** einkehren … Wem das alles zu unspektakulär sein sollte, der kann mit der kleinen Fähre ans andere, belebtere Ufer, die **Náplavka** (siehe S. 74), übersetzen.

WENN MAN SCHON MAL AUF DER KLEINSEITE UND IN SMÍCHOV IST

+++ SEHEN +++

+++ ESSEN +++

+++ AUSGEHEN +++

+++ SHOPPEN +++

+++ SCHLAFEN +++

□↑

KARLSBRÜCKE (KARLŮV MOST)

Karl IV. ließ 1357 den Grundstein für diese Steinbrücke legen, 1402 wurde sie fertiggestellt. Bis 1741 war sie die einzige feste Verbindung zwischen den beiden Prager Moldauufern. Sie gehörte zum Krönungsweg der böhmischen Könige. Auf der einen Seite betritt man sie durch den Torbogen des **Altstädter Brückenturms** (1380), der kleinere Turm auf der Kleinseite stammt aus dem 12. Jahrhundert. Ab 1629 wurden **Skulpturen** auf die Brückenpfeiler gesetzt, mittlerweile sind es 30 Heilige. Der berühmteste ist der heilige Nepomuk. Man erkennt ihn an dem blank geriebenen Fenstersturzrelief zu seinen Füßen. Kräftig rubbeln, das soll Glück bringen!

+++ TRAM 12/15/18/20/22 MALOSTRANSKÉ NÁMĚSTÍ +++

KAMPA-INSEL

Die Kampa-Insel wird nur durch den Mühlbach Čertovka von der Kleinseite getrennt. Ein Teil der hochwassergeplagten Insel ist bewohnt, hier stehen schmucke, kleine Häuser mit Blick aufs Wasser oder auf die Fußgängerallee mit Bänken und Straßencafés. Die andere Hälfte besteht aus einem Park mit Spiel- und Liegewiesen. Hier befindet sich auch das **Kampa-Museum** in einer umgebauten Mühle. Es zeigt die Kunstsammlung von Jan Viktor und Meda Mládek: Werke von František Kulka etwa oder von Otto Gutfreund und viele aus den einstigen sozialistischen Bruderstaaten, wo die Mládeks Dissidentenkunst unterstützten.

+++ TRAM 12/15/20/22/23 HELLICHOVA +++

NERUDA-GASSE
(NERUDOVA)

Die Nerudova ist der farbenfrohe Königsweg steil hinauf zur Burg, gesäumt von wunderbaren Palais und Herrenhäusern mit prächtigen Giebeln und sprechenden Hauszeichen. Etwa die Nr. 47 (»Zu den zwei Sonnen«), in dem der Namensgeber der Gasse und Schriftsteller Jan Neruda (1834–1891) gelebt hatte. Besondere Hingucker sind auch das barocke Palais Morzin (Nr. 5) und das Palais Thun-Hohenstein (Nr. 20) im Stil der Neorenaissance.

+++ TRAM 12/15/18/20/22 MALOSTRANSKÉ NÁMĚSTÍ +++

VRTBA-GARTEN (VRTBOVSKÁ ZAHRADA)

Der barocke Garten ist eher klein, doch wurde er von dem Architekten František Maximilian Kaňka so geschickt in die steile Hanglage konzipiert, dass er von der UNESCO gelistet wird. Die antiken Götterstatuen stammen von Matthias Bernhard Braun, der auch an der Karlsbrücke mitgewirkt hat. Vom oberen Teil hat man eine erstklassige Aussicht auf die Kleinseite und die Burg.

+++ KARMELITSKÁ 18 +++ TRAM 12/15/18/20/22 MALOSTRANSKÉ NÁMĚSTÍ +++ VRTBOVSKA.CZ +++ APRIL–OKT. TÄGL. 10–18 UHR +++ 80 KRONEN, ERM. 60 KRONEN +++

KLEINSEITNER RING (MALOSTRANSKÉ NÁMĚSTÍ)

Im Mittelalter stand hier ein Galgen, drum herum herrschte Markttreiben. Der Kleinseitner Ring wird durch die **St.-Nikolaus-Kirche** geteilt, ein Meisterwerk des Barocks mit einer 70 Meter hohen Kuppel und 3.000 Quadratmetern (!) Fresken. Von Christoph Dientzenhofer stammen das Kirchenschiff und die Westfassade, die 1711 geweiht wurden, nach seinem Tod vollendete sein Sohn Kilian Ignaz das Gebäude. Am oberen Teil des Platzes steht eine barocke **Pestsäule** von 1713.

+++ TRAM 12/15/18/20/22 MALOSTRANSKÉ NÁMĚSTÍ +++

TARO

Ein Erlebnis! 20 Stühle an einer großen Bar, in der Mitte die Küche und fünf Köche. Man wählt zwischen einem asiatischen 4- und 7-Gänge-Menü für 990 oder 1.390 Kronen, das anschließend für jeden Gast individuell gezaubert und genau erklärt wird.

+++ NÁDRAŽNÍ 100 +++ METRO B ANDĚL +++ 777 446 007 +++ TARO.CZ +++ DI-FR 11.30-15 UND 17.30-23 UHR. SA 12-16 UND 18-23 UHR +++

KAVÁRNA, CO HLEDÁ JMÉNO

Das »Café, das einen Namen sucht« liegt etwas versteckt hinter einem Parkplatz. Die Suche lohnt sich: Die alte Tischlerei hat gemütlichen Industriebrachen-Chic. Mit toller Terrasse, hauseigener Patisserie und leckeren Suppen.

+++ STROUPEŽNICKÉHO 10 +++ METRO B ANDĚL +++ KAVARNACOHLEDAJMENO.CZ +++ MO 12-22. DI-SA 8-22 UHR. SO 9-19 UHR +++

BARÁČNICKÁ RYCHTA

1873 wurde die »Freie Gemeinde der Barackler« gegründet, um die altböhmische Tradition zu wahren. Entsprechend original ist die Küche im Vereinshaus, mit Prager Schnecken (225 Kč) oder Entenbrust mit Graupen (295 Kč).

+++ TRŽIŠTĚ 23 +++ TRAM 5/7/11/12/15/20/22 MALOSTRANSKÉ NÁMĚSTÍ +++ 257 286 083 +++ BARACNICKARYCHTA.CZ +++ TÄGL. 12-23 UHR +++

PETŘÍNSKÉ TERASY

Der Ausblick vom Petřín ist traumhaft! Im Winter drinnen offener Kamin. Deftige böhmische Küche und faire Preise.

+++ SEMINÁŘSKÁ ZAHRADA 13 +++ TRAM UJEZD. DANN DRAHTSEILBAHN BIS NEBOZÍZEK +++ 257 320 688 +++ PETRINSKETERASY.CZ +++ MO-DO 13-23 UHR. FR-SO 12-23 UHR +++

MEETFACTORY

Zur Schallisolierung baumeln Stühle aus dem Lucerna-Kino mit darauf sitzenden Puppen von der Decke, über dem Eingang hängen zwei Autos wie Wäsche an zwei riesigen Nägeln. Und das Programm? Förderung von Künstlern durch freie Residenzen, originelle Kinoabende, Theater, jede Menge Ausstellungen und Konzerte.

+++ KE SKLÁRNĚ 15 +++ TRAM 4/5/12/20 LIVOVAR +++
MEETFACTORY.CZ +++ GALERIE TÄGL. 13-20 UHR,
KONZERTE SIEHE WEBSITE +++

JAZZ DOCK

Das Dock ist die trendigste Jazzlounge der Stadt, mit großer Fensterfront zur Moldau. Bis spät in die Nacht wird hier gejammt, manchmal in zwei Schichten.

+++ JANÁČKOVO NÁBŘEŽÍ 2 +++ TRAM 1/2/7/9/12/
15/20 ŠVANDOVO DIVADLO +++ JAZZDOCK.CZ +++
MO-DO 17-4, FR-SA 15-4, SO 15-2 UHR +++

PRAGTIQUE

Originelle Souvenirs, Tassen, T-Shirts, Taschen oder Schmuck von lokalen Designern. Ableger in der Pasáž Platýz, Národní 37.

+++ MOSTECKÁ 20 +++ TRAM 12/15/18/20/22 MALO-
STRANSKÉ NÁMĚSTÍ +++ PRAGTIQUE.CZ +++

□↑ TRUHLÁŘ MARIONETY

Puppentheater ist in Tschechien extrem beliebt, nicht erst seit Hurvínek und Speibl. Pavel Truhlář hat mit die originellsten Marionetten. Er bietet auch Puppenspielkurse und Marionettenbasteln an (siehe S. 196).

+++ U LUŽICKÉHO SEMINÁŘE 5 +++ TRAM 12/15/ 18/20/22 MALOSTRANSKÉ NÁMĚSTÍ +++ MARIONETY. COM +++ TÄGL. 10-21 UHR +++

+ + + + + + + + + + **SCHLAFEN** + + + + + + + + + + + +

THE AUGUSTINE

Komfortables Hotel in einer alten, labyrinthartigen Klosteranlage. Eine historische Bibliothek mit wertvollen Schmökern, rustikale Holzböden, religiöse Skulpturen und Fresken treffen auf modernste Luxuseinrichtung. DZ um 350 Euro.

+++ LETENSKÁ 33 +++ METRO A MALOSTRANSKÁ ODER TRAM 12/15/18/20/22 MALOSTRANSKÉ NÁMĚSTÍ +++ 266 112 233 +++ AUGUSTINEHOTEL.COM +++

REZIDENCE U BÍLÉ KUŽELKY

Einen Steinwurf von der Karlsbrücke entfernt, mit ungezwungener Atmosphäre. 10 Zimmer, teils mit freigelegten Dachbalken, und 4 Suiten mit Deckenmalereien. Das Restaurant unten im Haus ist so gut, dass es eigentlich ständig ausgebucht ist. DZ um 150 Euro.

+++ MÍŠEŇSKÁ 12 +++ TRAM 12/15/18/20/22 MALOSTRANSKÉ NÁMĚSTÍ +++ UBILEKUZELKY.CZ +++

4

BURG UND
HRADCAŇY

+++ ERLEBEN +++

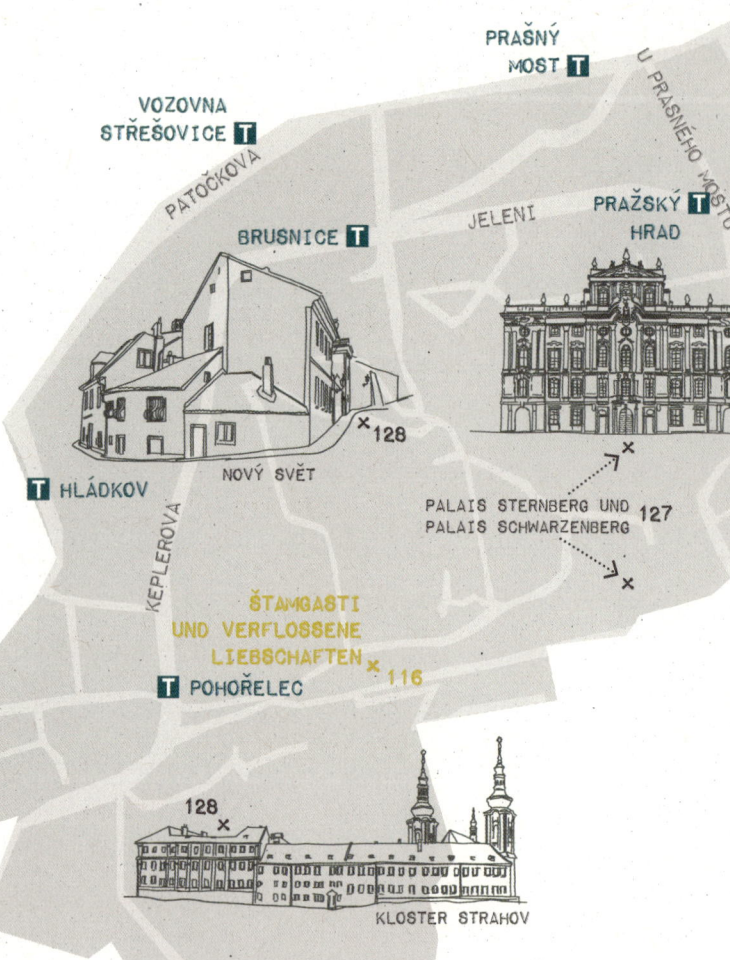

PRAŠNÝ
MOST **T**

U PRAŠNÉHO MOSTU

VOZOVNA
STŘEŠOVICE **T**

PATOČKOVA

JELENÍ

PRAŽSKÝ **T**
HRAD

BRUSNICE **T**

×128

T HLÁDKOV

NOVÝ SVĚT

×

PALAIS STERNBERG UND 127
PALAIS SCHWARZENBERG

×

KEPLEROVA

ŠTAMGASTI
UND VERFLOSSENE
LIEBSCHAFTEN ×116
T POHOŘELEC

128
×

KLOSTER STRAHOV

T PETŘÍN

14 WAHRHEITSVERDREHER ×
UND 299 STUFEN 120
IN DEN HIMMEL

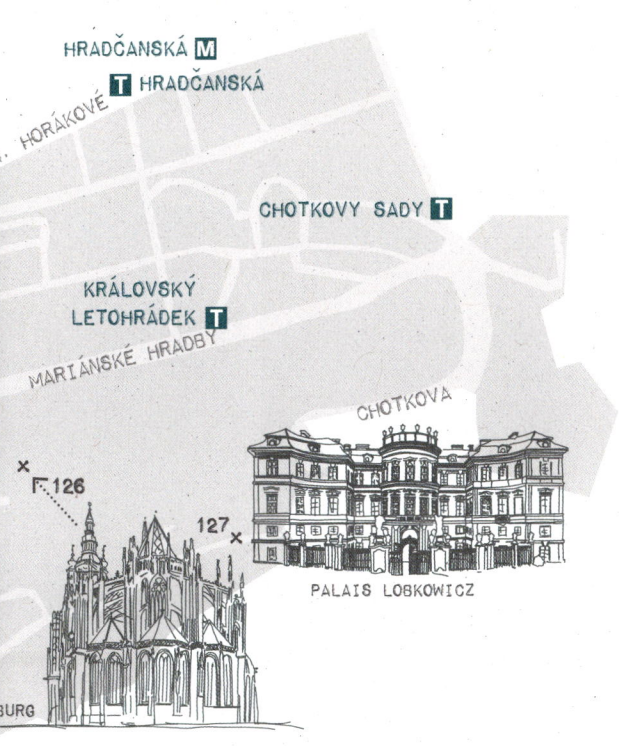

HRADČANSKÁ M

T HRADČANSKÁ

T. HORÁKOVÉ

CHOTKOVY SADY T

KRÁLOVSKÝ
LETOHRÁDEK T

MARIÁNSKÉ HRADBY

CHOTKOVA

126

127

PALAIS LOBKOWICZ

BURG

DIE PRAGER BURG thront im wahrsten Sinne des Wortes über der Stadt. Seit dem 9. Jahrhundert residierten auf dem Berg Hradschin die böhmischen Könige und sogar zwei Kaiser. Heute ist die Burg der Sitz des tschechischen Präsidenten. Gefühlt Millionen Touristen drängen sich unter seinen Fenstern durch das Areal und die umliegenden Gassen. Nur ein paar Meter von den Ameisenströmen entfernt gibt es immer wieder ruhige Nischen zu entdecken, etwa in Nový Svět. Und auch das Wohnviertel Hradčany ist erstaunlich ruhig.

ÚJEZD T

PRAGER BURG
UND HRADČANY-->

ŠTAMGASTI UND VERFLOSSENE LIEBSCHAFTEN

EIN BESUCH IN DER KULTKNEIPE U ČERNÉHO VOLA

PRAGER BURG
UND HRADČANY-->

POHOŘELEC 🆃 ✕

+ + + S T E C K B R I E F + + +

+++ WO? LORETÁNSKÉ NÁMĚSTÍ 1 +++ TRAM 22/23 POHOŘELEC +++ WANN? TÄGLICH 10-22 UHR ++++ TEL. 606 626 929 +++ FACEBOOK.COM/UCERNEHO VOLA +++ WIE VIEL? BIER 32 KRONEN +++

SIEBEN UHR ABENDS, im Schwarzen Ochsen sind alle Tische besetzt. Es gibt allerdings auch nur sechs, dazu einfache Holzbänke. Ungefragt rücken vier ältere Tschechen ein wenig zusammen, damit Markéta und ich uns zu ihnen setzen können. Weiter beachten sie uns nicht, sind intensiv ins Gespräch vertieft. Die Schultern leicht gebeugt, deutlich gewölbter Bauch, die rechte Hand am Griff des Bierhumpens: Štamgasti – Stammgäste. Diese Spezies ist in der Prager Innenstadt vom Aussterben bedroht. U Černého vola ist ihr letztes Wohnzimmer.

Auf dem Tisch liegt ein Zettel: »Reserviert ab 20 Uhr«. Der Chef zuckt mit den Schultern und zeigt uns die schmale Theke im Vorzimmer. Notfalls können wir da zu Ende trinken. Dann interessiert ihn nur noch: hell oder dunkel? Bier natürlich. Velkopopovický kozel, für unglaubliche 36 Kronen. Was anderes trinkt hier eigentlich niemand.

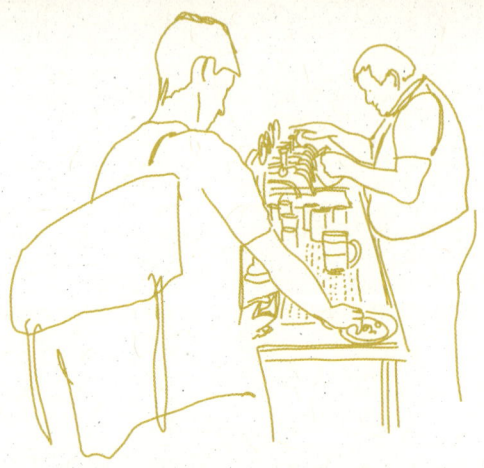

»SCHEISS RAUCHVERBOT«, murrt Martin Benda, der Wirt des Schwarzen Ochsen draußen vor dem Lokal, gibt Markéta Feuer und zieht an seiner Zigarette. Veränderungen sind nicht so beliebt im Schwarzen Ochsen. Seit 1963 gibt es die Kneipe in dem prächtigen Barockbau aus dem 16. Jahrhundert. Generationen von Tschechen haben hier schon gefeiert, auch in kommunistischen Zeiten. Einen Teil des Umsatzes spendet Benda an eine Schule für behinderte Kinder. Als der Schwarze Ochse im Jahr 2011 an die Haie der Tourismusbranche zu fallen drohte, schrieben die Štamgasti eine Petition. 3.000 Unterschriften am ersten Tag. Benda blieb. Die günstigen Bierpreise auch.

Kurz vor acht. »Martin!«, rufen die Männer neben uns und halten die leeren Bierkrüge fordernd hoch. Ein fragender Blick in unsere Richtung, damit er nicht doppelt laufen muss, dann beginnt Benda zu zapfen. Die Reservierung? Egal.

Mittlerweile ist das Lokal brechend voll. Eine junge Frau kommt herein, küsst ihren Papa links von mir und geht in den hinteren Raum, wo sie lautstark von ihren Freunden begrüßt wird. Jemand hat unseren Tischnachbarn selbst getrocknetes Beef Jerky mitgebracht. Benda schaut großzügig darüber hinweg, seine eigene Küche ist eh schon geschlossen. Sie sehen unsere neugierigen Blicke und schieben uns den großen Karton rüber. Lecker!

DAS NÄCHSTE BIER steht ungefragt vor mir, als wir gerade anfangen, darüber nachzudenken, ob wir noch eines trinken sollen. Gut so. Der Blaue, äh, Schwarze Ochse ist nicht nur kultig, erklärt mir Markéta, sondern auch romantisch. Romantisch? Ja! »Alle meine Beziehungen haben hier angefangen«, sagt sie versonnen, und es bleibt unklar, ob das gut ist oder eher schlecht, denn bis auf die letzte sind sie ja auch wieder beendet worden. Verliebte Spaziergänge durch Nový Svět, immer bei schlechtem Wetter, dann zum Aufwärmen ein Bier.

Um 21.45 Uhr läutet der Wirt die letzte Runde ein, gruppenweise wird es leerer. Nur die Štamgasti machen keinerlei Anstalten zu gehen. Kurz darauf lässt Benda die Rollläden runter und schließt die Türe von innen ab. Er zapft Bier für die verbliebenen acht Gäste. Auf seinen fragenden Blick hin schütteln wir diesmal energisch den Kopf. Benda greift sich selbst auch ein Bier, lässt sich auf die Bank fallen und zündet sich erst mal eine Zigarette an. Wir sehen uns an: Zeit, sich zu verabschieden.

Wer will schon zu dieser späten Stunde noch Fremde in seinem Wohnzimmer haben?

WENN MAN SCHON MAL HIER IST:

Der Schwarze Ochse liegt genau zwischen dem **Kloster Strahov** (siehe S. 128) und der **Burg** □→ (siehe S. 126) mit dem **Lobkowitz-Palast** (siehe S. 127) und den beiden Ausstellungsgebäuden der Nationalgalerie, dem **Sternberg-Palais** und dem **Palais Schwarzenberg** (S. 127). Nicht nur Verliebte sollten es unbedingt Markéta gleichtun und durch **Nový Svět** (siehe S. 128) spazieren.

14 WAHRHEITS-VERDREHER UND 299 STUFEN IN DEN HIMMEL

MIT DER HISTORISCHEN SEILBAHN ZUM SPIEGELKABINETT UND DEM PETŘÍN-TURM

<--PRAGER BURG
UND HRADČANY

T ÚJEZD

+ + + S T E C K B R I E F + + +
+++ WO? PARK PETŘÍN +++ SEILBAHN AN DER
TRAM 3/6/9/12/15/20/22/23 ÚJEZD +++ WANN?
TÄGLICH 9-23.30 UHR +++ WIE LANGE? ETWA
2 STUNDEN +++ WIE VIEL? SEILBAHN 32 KRONEN.
SPIEGELKABINETT 90 KRONEN. ERM. 70 KRONEN.
PETŘÍN-TURM 150 KRONEN. ERM. 80 KRONEN +++

DIE SCHLANGE vor der Seilbahnstation windet sich bis zu den Blumenbeeten im Park bei Újezd. Innen herrscht aufgeregtes Gedrängel. Der Bahnsteig ist eine Treppe, die Waggons sind schräg gebaut, entsprechend dem Gefälle des Petřín. Und das ist stark. Pippa und ich ergattern einen Platz im untersten Waggon, um den besten Blick auf Prag zu haben. Rasant geht es hinauf. Immer weiter breitet sich die Stadt unter uns aus. Fotoapparate werden gezückt. Wir wechseln uns am Fenster ab, damit jeder ein Selfie mit Prag im Hintergrund machen kann. »Funiculì, Funiculà«, singen vier Touristen. Sehr passend. Der italienische Gassenhauer aus dem Jahr 1880 feierte die Seilbahn auf den Vesuv – Prags bescheidenere Variante entstand nur 11 Jahre später. Aber während die »Funicolare« längst stillgelegt ist, befördert Prags »Lanová draha« rund zwei Millionen Gäste pro Jahr.

DIE ERBAUER der damals wasserbetriebenen Bahn
waren Mitglieder des »Klubs der tschechischen Touristen«. Und die hatten sie nur als Zubringer zur eigentlichen
Attraktion geplant. Bei ihrem Besuch der Pariser Weltausstellung 1889 waren sie derart fasziniert vom nagelneu-
en Eiffelturm, dass sie 1891, zur Prager Weltausstellung,
eine Minikopie bauen ließen. Und zu seinen Füßen, weil
das damals der letzte Schrei war, ein Spiegelkabinett.

Das betreten wir zuerst, einen großen Saal voller Holz-
säulen, es scheint fast, als könnte man einfach durchlau-
fen. Aber dann sehe ich mich plötzlich vervielfältigt, von
hinten, der Seite, von vorne. Pippa ist bereits aus meinem
Blickfeld verschwunden. Vorsichtig taste ich mich mit den
Händen an den Spiegeln entlang und stoße trotzdem
ständig an. Ein harter Knall verrät, dass einer der ga-
ckernden jungen Männer vor uns irgendwo mit dem Kopf
dagegengelaufen ist. Dann folgen wir dem Gelächter der
niederländischen Frauengruppe in den nächsten Saal.
14 gebogene Spiegel, 14 schamlose Wahrheitsverdreher!
Als riesige Dickmadame und dürre Bohnenstange mit
seltsam länglichem Gesicht wirken wir im Spiegel wie de-
formierte Gummipuppen.

NACH 15 FRÖHLICHEN Minuten verlassen wir das Spiegelkabinett und machen uns auf zum Petřín-Turm. In einer weiteren Schlange muss sich anstellen, wer mit dem Aufzug hinauffahren will. Fünf Personen passen in die altmodische Stahlkonstruktion. Wir gehen lieber an den Wartenden vorbei direkt zur Treppe. Schneller geht das allerdings auch nicht, irgendwer muss immer verschnaufen. Im Gänsemarsch steigen wir hinter einer größeren Gruppe hinauf. Auf der ersten Plattform haben wir noch das Gefühl, die Baumspitzen berühren zu können. Also weiter: 299 Stufen offene Wendeltreppe, direkt in den Himmel. Oben angekommen drängeln sich die Hobbyfotografen an den wenigen geöffneten Fenstern. Weit, weit·reicht der Blick über Prag hinaus nach Böhmen. Dezent schwankt der Turm im Wind, mir wird ganz schwummrig. 63,5 Meter ist er hoch, dann ging dem Touristenklub das Geld aus.

Aber der Touristenklub war gewitzt. Der Petřín selbst ist 327 Meter hoch. Also, rechnen wir aus, sind wir trotzdem zwei Meter höher als auf dem Eiffelturm. Und die Aussicht, soviel ist klar, ist weitaus schöner!

WENN MAN SCHON MAL HIER IST:
Auf den Petřín fahren viele Prager auch wegen der zahlreichen **Parkanlagen** □→ und spazieren langsam den Berg hinab. Es lohnt ein Abstecher zum **Kloster Strahov** (siehe S. 128), vorbei an der **Hungermauer**, die Karl IV. 1360 erbauen ließ. Imposant ist auch der barocke **Vrtba-Garten** (siehe S. 108), der zum UNESCO-Kulturerbe gehört.

WENN MAN SCHON MAL AUF DER BURG UND IN HRADČANY IST

+++ SEHEN +++
+++ ESSEN +++
+++ AUSGEHEN +++
+++ SHOPPEN +++
+++ SCHLAFEN +++

DIE BURG

Das Prager Burgareal ist eine Stadt in der Stadt, denn außer dem Königspalast hatten sich auch reiche Adelige Paläste und Gärten angelegt. Der prunkvolle **Veitsdom** mit der Königsgruft der Habsburger und diversen Reliquien ist einen Besuch wert. Ein Glasfenster wurde von Alfons Mucha gestaltet. Gar nicht prunkvoll, dafür charmant ist das **Goldene Gässchen** mit elf winzigen ehemaligen Wohnhäusern aus dem 16. Jahrhundert. Kafka arbeitete hier ein Jahr lang.

+++ HRADČANY +++ TRAM 22/23 PRAŽSKÝ HRAD +++ HRAD.CZ +++ AREAL TÄGL. 6-22 UHR. OBJEKTE 9-17 UHR +++ 2-TAGE-TICKET. ALLE OBJEKTE 350 KRONEN +++ TIPP! DAS GOLDENE GÄSSCHEN IST NACH 17 UHR KOSTENLOS! +++

PALAIS LOBKOWICZ

Das Barockpalais ist in Privatbesitz der Familie Lobkowicz. Die zeigt hier ihre wertvolle Kunstsammlung, darunter Meisterwerke von Lukas Cranach oder Pieter Brueghel, aber auch Beethovens Originalpartitur der 4. und 5. Symphonie. Im Musiksaal werden Konzerte aufgeführt, und es gibt ein Café mit schöner Terrasse.

+++ JIŘSKÁ 1 +++ TRAM 22/23 PRAŽSKÝ HRAD +++ LOBKOWICZ.CZ +++ TÄGL. 10–18 UHR +++ EINTRITT 295 KRONEN. ERM. 200 KRONEN. FAMILIEN 690 KRONEN +++

PALAIS STERNBERG
UND PALAIS SCHWARZENBERG

Beide Palais beherbergen heute Schätze der Prager Nationalgalerie. Das Palais Sternberg, ein monumentales Schmuckstück des Hochbarock, zeigt die alten Meister der Antike bis zur Barockzeit. Im Schwarzenberg-Palais aus dem 16. Jahrhundert mit der barocken Sgraffito-Fassade sind Kunstwerke des Barock, der Renaissance und des Manierismus zu sehen.

+++ ŠTERNBERSKÝ PALÁC: HRADČANSKÉ NÁMĚSTÍ 15. SCHWARZENBERSKÝ PALÁC: HRADČANSKÉ NÁMĚSTÍ 2 +++ TRAM 22/23 PRAŽSKÝ HRAD +++ NGPRAGUE.CZ +++ DI–SO 10–18 UHR +++ EINTRITT JE 220 KRONEN +++

← NOVÝ SVĚT

Die »Neue Welt«, nur ein paar Meter von Hradschiner Platz entfernt an einem steilen Hang gelegen, war im 16. Jahrhundert das Armenviertel der Stadt. Später wurden die kleinen Häuschen und engen Gassen mit der sanften Straßenbeleuchtung zum Zuhause einer fröhlich-bohémiennen Künstlerszene. Überraschenderweise ist Nový Svět auch heute noch ein Geheimtipp.

+++ TRAM 22/23 BRUSNICE +++

KLOSTER STRAHOV

Vom Prämonstratenserkloster auf der Spitze des Petřín-Berges hat man einen phänomenalen Ausblick auf Prag. Die ursprünglich romanische Kirche vereint sämtliche Stilrichtungen von Gotik über Renaissance bis hin zu Barock. Die historische Bibliothek mit stuckverzierten Deckengemälden hat echte Schätze wie alte Handschriften, diverse Globen und eine Sammlung von Tierpräparaten. In der Gemäldegalerie sind gotische, Barock- und Rokoko-Werke ausgestellt. Und es gibt eine hauseigene Brauerei (siehe S. 129).

+++ STRAHOVSKÉ NÁDVOŘÍ 132 +++ TRAM 22 POHOŘELEC +++ STRAHOVSKYKLASTER.CZ +++

KUCHYŇ

Hier darf der Kunde das Essen aussuchen, indem er einen Blick in die Pfannen und Töpfe wirft. Direkt an der Burg und mit toller Terrasse, aber nicht überkandidelt – und sehr faire Preise.

+++ HRADČANSKÉ NÁMĚSTÍ 1 +++ 736 152 891 +++ KUCHYN.AMBI.CZ +++ TÄGL. 10-23.30 UHR +++

KLÁŠTERNÍ PIVOVAR STRAHOV

Schon seit dem 12. Jahrhundert gab es im Kloster Strahov eine Brauerei, und man muss sagen, ihr Handwerk verstehen die Ordensbrüder. Svatý Norbert ist ein sehr süffiges Bier, und die Küche dazu ist deftig und gut. Das wissen allerdings auch viele andere.

+++ STRAHOVSKÉ NÁDVOŘÍ 10 +++ TRAM 22 POHOŘELEC +++ KLASTERNI-PIVOVAR.CZ +++ TÄGL. 10-22 UHR +++

KAVÁRNA NOVÝ SVĚT

Urgemütliches Café in einem der kleinen historischen Häuser von Nový Svět mit Außenterrasse. Hier wird viel Wert auf guten Kaffee gelegt. Zu essen gibt es hausgemachte Suppen, Toasts oder Kuchen.

+++ NOVÝ SVĚT 2 +++ TRAM 22 BRUSNICE +++ 242 430 700 +++ KAVARNA.NOVYSVET.NET +++ DI-SO 11-19 UHR +++

RILKE

Kleines Restaurant mit Wohnzimmeratmosphäre, das ganz dem Dichter Rilke gewidmet ist: Es zeigt Zitate und Bilder aus seiner Lebenszeit und serviert tschechische Klassiker.

+++ ÚVOZ 6 +++ TRAM 6/12/15/20/22/23 MALO-STRANSKE NÁMĚSTÍ +++ 222 221 414 +++ RMRILKE.CZ +++ TÄGL. 11-23 UHR +++

4

PÍSECKÁ BRÁNA □↑

Das Pisek-Tor, bedeckt von einer dicken Erdschicht, ist ein Überbleibsel der einstigen barocken Festungsanlage Prags aus dem Jahr 1721. Es verkam unter den Kommunisten. Erst 2000 forcierte eine Bürgerinitiative die Renovierung. Heute ist die Kneipe ein kulturelles Zentrum mit Café, Ausstellungen und ab und zu Konzerten.

+++ K BRUSCE 5 +++ TRAM 22/23 KRÁLOVSKÝ LETOHRÁDEK +++ 222 321 313 +++ PISECKABRANA.CZ +++ DI-SO 11-19 UHR +++

SHOPPEN

DESIGNUM GALERIE

Hier verkaufen die besten zeitgenössischen Designer ihre Produkte: Es gibt ausgefallenen Schmuck von Zorya, kühl-stylische Karaffen und Weingläser aus Kristallglas von Jiří Pelcl, Schmuck von Dana Bezděková, der an Industrieobjekte erinnert, und vieles mehr.

+++ NERUDOVA 27 +++ DESIGNUM-GALERIE.CZ +++ MO-SA 8-18 UHR +++

FAKTOR TRAKTOR

Ebenso schöne wie praktische Souvenirs von tschechischen Designern und Handwerkern: Taschen, Schuhe, Kleidung, aber auch Keramik oder Schmuck.

+++ RADNICKÉ SCHODY 9 +++ DI–SO 11–17 UHR +++

VITALIS

Kleine Buchhandlung – viele deutschsprachige Bücher! – des Verlags Vitalis, genau in dem Haus, in dem Kafka ein Jahr lang arbeitete.

+++ ZLATÁ ULIČKA 22 +++ TRAM 22/23 PRAŽSKÝ HRAD +++ VITALIS-VERLAG.COM +++

+ + + + + + + + + + + SCHLAFEN + + + + + + + + + + + +

U RAKA ROMANTIKHOTEL

Fast wie im Märchen! Ein Ensemble aus flachen Häusern, wie sie für den Stadtteil Nový Svět typisch sind. Mit Innenhof und kleinem, exklusivem Restaurant, in dem auch gefrühstückt wird. DZ um die 150 Euro.

+++ ČERMÍNSKÁ 10 +++ TRAM 22 BRUSNICE +++ 210 320 626 +++ HOTELURAKA.CZ +++

HOTEL MONASTERY

Das Hotel ist in das alte Waschhaus des Prämonstratenserordens Strahov hineingearbeitet – teilweise mit freigelegten Balken, engen Treppen, spitzen Dachzimmern. Frühstück gibt es im Sommer im Obstgarten. DZ etwa 120 Euro.

+++ STRAHOVSKÉ NÁDVOŘÍ 134 +++ TRAM 22 POHOŘELEC +++ 233 090 200 +++ HOTELMONASTERY.CZ +++

5
HOLEŠOVICE, BUBENEČ UND TROJA

+++ ERLEBEN +++

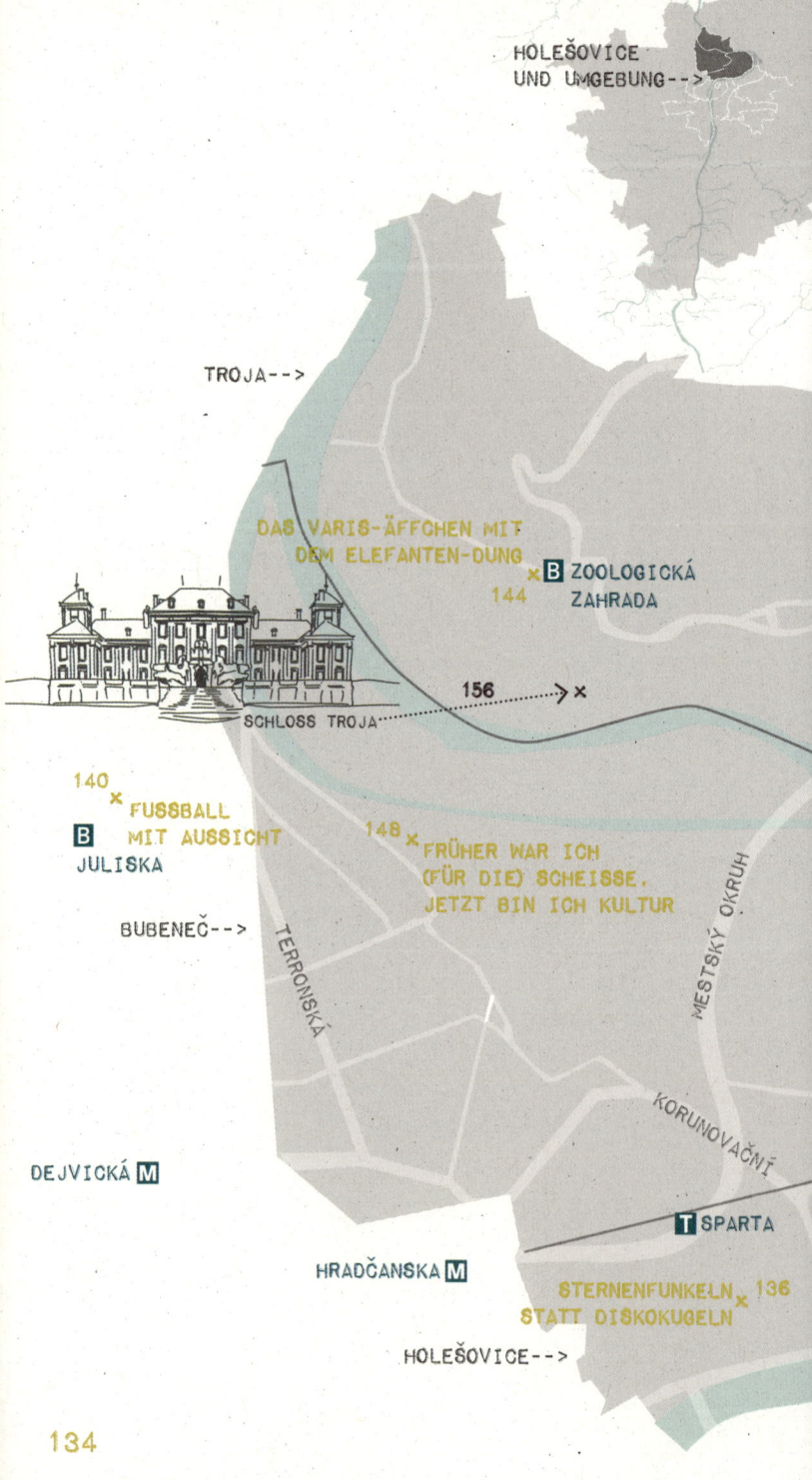

HOLEŠOVICE
UND UMGEBUNG-->

TROJA-->

DAS VARIS-ÄFFCHEN MIT
DEM ELEFANTEN-DUNG
×B ZOOLOGICKÁ
144   ZAHRADA

156   -->×

SCHLOSS TROJA

140
× FUSSBALL
B   MIT AUSSICHT
JULISKA

148 ×
FRÜHER WAR ICH
(FÜR DIE) SCHEISSE,
JETZT BIN ICH KULTUR

BUBENEČ-->

TERRONSKÁ

MĚSTSKÝ OKRUH

KORUNOVAČNÍ

DEJVICKÁ M

T SPARTA

HRADČANSKA M

STERNENFUNKELN×136
STATT DISKOKUGELN

HOLEŠOVICE-->

HOLEŠOVICE hatte nach der Samtenen Revolution 1989 besonders stark mit dem Niedergang der veralteten Industrie zu kämpfen. Mittlerweile aber bieten die vielen Fabrik- und Hafenbrachen Raum für eine frische, alternative Szene – mit den besten Clubs und Galerien der Stadt. Es geht fließend über in das ruhigere, edlere Botschaftsviertel Bubeneč mit prächtigen Villen und gepflegten Gärten. Troja am anderen Moldauufer ist der wohl grünste Stadtteil Prags. Lang gestreckt am Fluss bietet er jede Menge Freizeitspaß: einen kilometerlangen Uferweg, eine Raftingstrecke, einen Pferdestall, den Zoo, den Botanischen Garten ...

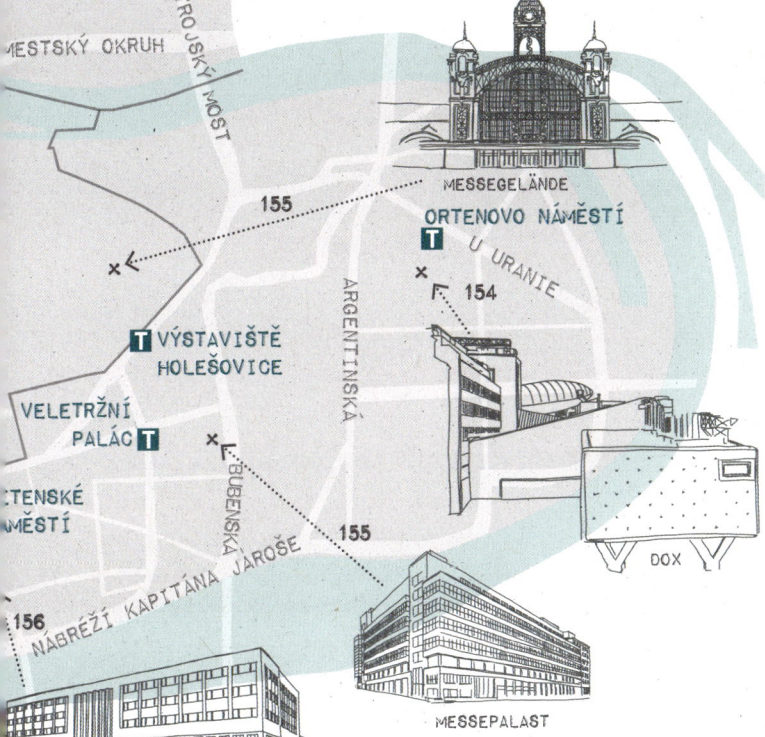

ROJSKÁ

MĚSTSKÝ OKRUH

TROJSKÝ MOST

155

MESSEGELÄNDE

ORTENOVO NÁMĚSTÍ
🚇

U URANIE

154

🚇 VÝSTAVIŠTĚ
HOLEŠOVICE

ARGENTINSKÁ

VELETRŽNÍ
PALÁC 🚇

BUBENSKÁ

ČTENSKÉ
...MĚSTÍ

155

NÁBŘEŽÍ KAPITÁNA JAROŠE

156

DOX

MESSEPALAST

TECHNIKMUSEUM

STERNENFUNKELN STATT DISCOKUGELN

EINE NACHT
IM CLUB STALIN AUF DER LETNÁ

HOLEŠOVICE-->

T SPARTA
x

+ + + S T E C K B R I E F + + +
WO? LETENSKÉ SADY +++ METRO A HRADČANSKA
ODER TRAM 1/12/25/26 SPARTA +++ WANN? MAI
BIS SEPTEMBER +++ DIENSTAG THEATER. MITT-
WOCH LIVE-KONZERT. DONNERSTAG OPEN-AIR-
KINO. FREITAG UND SAMSTAG ELEKTRONISCHE MU-
SIK +++ CONTAINALL.CZ/STALIN +++ WIE VIEL?
EINTRITT FREI! +++

WIE EINE SCHWARZE WAND liegt der Let-
ná-Park vor uns. Es ist etwa 22 Uhr. Je weiter wir uns
von der Straße entfernen, desto besser gewöhnen sich
die Augen an das Dunkel. Der Wald lebt! Überall wuselt
es zwischen den Bäumen, wir hören es kichern, riechen
Joints, treten gegen leere Flaschen. Der Autolärm nimmt
ab – und immer klarer dringt elektronische Musik zu uns
durch. Das muss der Club Stalin sein. Aber wo ist der Eingang? Ein paar Treppenstufen hoch, und wir schauen von
hinten auf das riesige Metronom. Wie die Vögel sitzen
junge Leute dicht an dicht auf der Brüstung. Vorne rechts
ist noch ein Plätzchen frei ... Und dann wird uns mit einem
Blick klar: Es gibt keinen Eingang, eher eine sympathisch
ausgeartete Gartenparty. Da unten, direkt vor unseren
baumelnden Füßen, trinken, lachen, baggern und tanzen
Hunderte Feierwütige im Mondschein.

NEIN. DER CLUB STALIN ist keine Kultstätte für den Diktator und auch keine Touristenfalle mit Gruselfaktor. Für die Prager ist der Name logisch. Wo heute das Metronom pendelt, stand für ein paar Jahre die weltweit größte Stalin-Skulptur: 15,5 Meter hoch und 22 Meter lang. Auch wenn die schon 1962 gesprengt wurde – für die Prager bleibt der Spitzname »Stalin« für den Vorplatz. Tagsüber tummeln sich auf dem zugepflasterten Areal mit den vielen Treppen und Podesten die Skater. Im Sommer werden abends Boxen und ein Tisch für den DJ aufgestellt, der Toilettenwagen aufgeschlossen, Lichterketten aufgehängt, zwei mobile Bars herbeigerollt. Und fertig ist der Club!

Kein Eintritt, kein Mindestverzehr, und viele haben selbst Wein oder Bier dabei. Barmann Lukáš hat trotzdem gute Laune. Er wirbelt mit drei Cocktailmixern gleichzeitig und schüttet die Plastikbecher bis an den Rand voll mit Aperol Spritz. 100 Kronen, umgerechnet rund 3,50 Euro für einen halben Liter – das macht den Barmann zum umschwirrten Star des Abends, der ständig auf seine eigenen Drinks eingeladen wird. Und ein Mineralwasser? Lukáš verzieht den Mund und grinst. Steht nicht auf der Preisliste und ist deshalb umsonst.

GEGEN MITTERNACHT strömen immer mehr Leute auf die Tanzfläche. Vor allem der DJ selbst bewegt sich ekstatisch zur Musik. Auch uns zieht es von der Treppe. Sternenfunkeln statt Discokugeln – selbst die härteren Hip-Hop-Sounds haben hier irgendwie was Romantisches. Die Bar wird jetzt regelrecht belagert, Lukáš wirbelt im Akkord. Von hinten reichen ihm zwei Jungs Melonen und Flaschen. Melone hacken, ab durch den Mixer, dazu fünf unterschiedliche Alkoholika, frei nach Gefühl eingeschenkt, fertig ist der »Melon Dream«. Schmeckt nach Kater.

Auf der Brüstung sitzend lassen wir die Nacht ausklingen, mit heißgetanzten Füßen und schwummrigem Kopf. Der Blick schweift über die Tanzenden unter uns auf das nächtliche Prag. Eine Patrouille Polizisten kommt vorbei, hektisch werden ein paar Joints ausgedrückt. Aber die Beamten sind heute ganz Freund und Helfer, fragen ein schwer angetrunkenes Mädchen, ob es Hilfe braucht, und verschwinden dann wieder. Um zwei Uhr machen wir schlapp. Stalins große Gartenparty geht weiter. Noch lange. Hoffentlich noch viele Sommer lang.

WENN MAN SCHON MAL HIER IST:

Vom **Biergarten auf der Letná** hat man einen phänomenalen Ausblick auf Prag ▢→. Bier gibt's vom Kiosk und Bratwurst vom Grill (Letenské sady 341). Wer vor dem Feiern Lust auf Kultur hat: Gleich davor liegt das **Technikmuseum** (siehe S. 156), und zum **Messepalast** (siehe S. 155) oder dem **Messegelände** (siehe S. 155) ist es auch nicht weit. Ein wunderschöner Spaziergang führt außerdem zum **Sommerschlösschen Letohradek** (Mariánské hradby 1) und nach **Hradčany**.

FUSSBALL
MIT AUSSICHT

EIN SPIEL VON DUKLA PRAHA
IM JULISKA STADION

JULISKA B^x

BUBENEČ-->

+ + + S T E C K B R I E F + + +
WO? NA JULISCE 28 +++ METRO A HRADČANSKÁ.
DANN BUS 907 STATION JULISKA +++ WANN? TER-
MINE BITTE AUF DER WEBSITE NACHSCHAUEN +++
FKDUKLA.CZ +++ WIE LANGE? CA. 2 STUNDEN
+++ WIE VIEL? 200 KRONEN. ERM. 150 KRONEN.
KINDER BIS 15 JAHRE EINTRITT FREI! +++

GÜNSTIG. FAMILIENFREUNDLICH

IM BUS NUMMER 907 fahren die Erzfeinde noch einträchtig zusammen. Der kleine Junge im Trikot der Ultras Viktoria Plzeň (Pilsen) wird zwar misstrauisch beäugt, und sein übergewichtiger Vater schaut provokant jedem ins Gesicht. Aber 20 Minuten zu Fuß gehen will hier doch niemand. Also sitzen gleich neben der Familie vier ältere Dukla-Fans, völlig entspannt. Entspannt geht es auch bei der Eingangskontrolle des Juliska-Stadions zu. Ich habe meine metallene Wasserflasche dabei. Kein Problem, winkt die Security-Dame ab. Und wo muss ich jetzt hin? Sie guckt verständnislos. Halt der Masse hinterher. Erst im Gang oberhalb der Sitzplätze verstehe ich: Südkurve, Osttribüne oder so was gibt es hier nicht. Alle schauen von einer Tribüne Richtung Prager Innenstadt. Auch die Ultras Viktoria Plzeň, aber verbarrikadiert hinter einem meterhohen Stahlzaun.

DIE SPIELER beider Mannschaften machen sich gerade auf dem Platz warm, dribbeln, zielen aufs Tor. Ich habe also noch Zeit. Es war ein heißer Tag, und die Sitzplätze liegen genau in der Abendsonne. Das schreit nach einem Getränk. Anscheinend haben alle anderen Gäste den Schrei auch gehört, die Schlange ist endlos. Aber sie bewegt sich erstaunlich schnell. Das magere Angebot fördert die Entscheidungsfreude: Bier oder Himbeerlimonade?, fragt mich die Verkäuferin. Beides kostet 20 Kronen. Dazu gibt es Bratwürstchen, fünf Sorten. Und für Vegetarier Reibekuchen.

Die Sitzwahl ist frei, und das Stadion nur zu rund zwei Dritteln voll. 1:5 hat Dukla beim letzten Spiel gegen Viktoria verloren.

Jetzt wird erst Viktoria vorgestellt, die Ultras stimmen Kampflieder an. Dann wird die Hymne von Dukla gespielt. Sie klingt ein bisschen nach Weihnachtslied. Viel Pathos. Danach geht es los.

Bei jedem Ballbesitz veranstalten die Ultras ohrenbetäubenden Lärm. Aber die Dukla-Fans lassen sich auch nicht lumpen. Ein paar ältere Herren in der ersten Reihe schlagen im Takt auf riesige Trommeln, fast das ganze Stadion ruft: »Dukla, Dukla, Dukla!« Das zeigt Wirkung: Nach sechs Minuten fällt das erste Tor. Für Dukla.

DUKLA WAR LANGE ein sehr ungeliebter Verein. 1948 wurde er von der sozialistischen »Armee für Leibeserziehung« gegründet, und teilweise wurden Spieler von anderen Mannschaften einfach zwangstransferiert. Nach der Samtenen Revolution drohte Dukla daher unterzugehen und stieg in die fünfte Liga ab. Die wahren Fans durften dann aber auch wieder den Aufstieg in die erste Liga bejubeln. Nach wie vor ist das Verteidigungsministerium Eigentümer des Juliska-Stadions. Manche munkeln, dass die Fans nur wegen der tollen Aussicht treu blieben.

Heute jedenfalls ist die Prag-Kulisse im Abendrot wirklich spektakulär, und die Wurst schmeckt tatsächlich so gut, wie die Dukla-Fans schwören. Eine ganze Stunde lang sieht es auch wahrhaftig so aus, als würde Dukla gewinnen. Erst in der zweiten Halbzeit fällt das erste Tor für Viktoria. Aber die macht nun ihrem Namen alle Ehre – beim Abpfiff steht es 3:1 für die Pilsener.

Auf dem Heimweg sehe ich plötzlich zwischen all den Dukla-Schals den kleinen Viktoria-Fan wieder. Seelenruhig spaziert er mit seinen Eltern zum Bus.

WENN MAN SCHON MAL HIER IST:

In Fußnähe des Stadions befindet sich die **Osada Baba** ☐→(Na Babě 8), eine ganze Kolonie funktionalistischer Villen. Sie wurden als letzte Werkbundsiedlung zwischen 1928 und 1932 gebaut, aber nicht mit Einheitskonzept, sondern jede im eigenen Stil. Besonders spannend ist, dass sowohl westliche Einflüsse (Le Corbusier) als auch östliche Ideen (wie der russische Konstruktivismus) spürbar sind.

DAS VARIS-ÄFFCHEN MIT DEM ELEFANTEN-DUNG

DER PRAGER ZOO UND EINE DAMPFERFAHRT

TROJA-->

ZOOLOGICKÁ
×B ZAHRADA

+ + + S T E C K B R I E F + + +

WO? U TROJSKÉHO ZÁMKU 3 +++ VON METRO C NÁDRAŽÍ HOLEŠOVICE AUS BUS 112 ZOOLOGICKÁ ZAHRADA ODER MIT DEM DAMPFSCHIFF VOM RÁŠIN-KAI +++ PRAGUESTEAMBOATS.COM/DE +++ WIE LANGE? CA. 5 STUNDEN MIT SCHIFFFAHRT +++ ZOOPRAHA.CZ +++ WIE VIEL? EINTRITT ZOO UND EINFACHE SCHIFFFAHRT 330 KRONEN. KINDER 250 KRONEN. FAMILIEN 2+2 920 KRONEN. HIN UND ZURÜCK INKL. ZOO 420 KRONEN. KINDER 290 KRO-NEN. FAMILIEN 2+2 1.080 KRONEN +++ SEILBAHN 25 KRONEN +++ WICHTIG! FÜR DIE FÄHRE BRAUCHT MAN EINE GÜLTIGE TRAM-FAHRKARTE! +++

T R Ä G E   R U H E liegt über Prags gezähmter Wildnis in Troja. Es ist über 30 Grad heiß. Sorgsam in die Uferauen der Moldau und einen steilen Hang eingearbeitet liegt einer der weltweit beliebtesten Tiergärten vor mir. Für den Rest des Tages hab ich mir vorsichtshalber nichts vorgenommen, denn der Prager Zoo hat 5.049 Tiere – 676 unterschiedliche Arten – auf 58 Hektar. Beim Hochwasser 2002 erlangte er traurige Berühmtheit, als er überschwemmt wurde und unzählige Tiere ertranken. Die Robbe Gaston entkam in die Moldau und schwamm die Elbe hinunter fast bis nach Magdeburg. Das Grauen hatte aber auch etwas Gutes: Die neue Anlage ist hochmodern und viel großzügiger. Die einströmende Menschenmenge verteilt sich erstaunlich schnell in unterschiedliche Richtungen. Und auch die meisten Tiere verziehen sich bei der Hitze lieber in gemütliche Schattenecken.

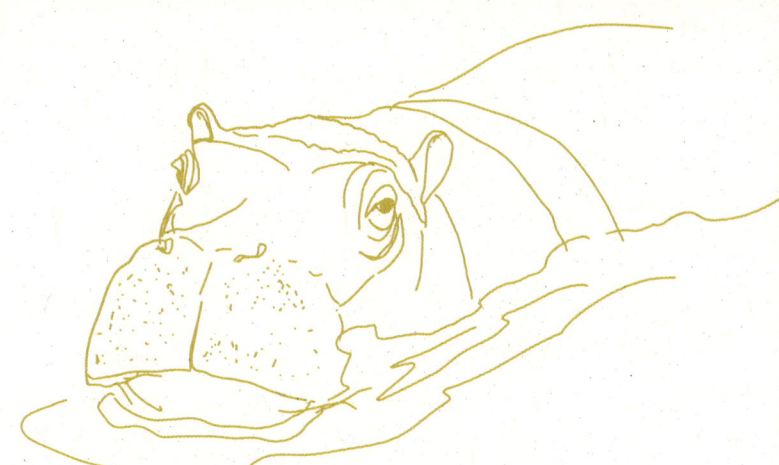

ICH STATTE ZUNÄCHST der Lemuren-Insel einen Besuch ab. Die quirligen schwarz-weißen Varis mit den lustigen Vollbärten heben immer augenblicklich meine Laune. Die Äffchen sind vom Aussterben bedroht, aber hier scheinen sie sich pudelwohl zu fühlen. Nach einer Weile schlendere ich weiter durch die Moldauauen. Nur zwei Pinguine hocken vor dem Pinguinhaus – sonst sind es Dutzende – und starren lustlos vor sich hin. Die Seehunde aalen sich träge in der Sonne. Bei den Ibissen und Flamingos höre ich dagegen vergnügliches Geschnatter. Dann beschließe ich, mich mit dem Sessellift zur Bergspitze schaukeln zu lassen. Er hält direkt vor den berühmten Przewalski-Pferden. Ohne die Zucht im Prager Zoo wären sie nach dem Zweiten Weltkrieg vermutlich ausgestorben. Langsam mache ich mich auf den Weg hinunter. Stundenlang möchte ich den kleinen Elefanten Max und Rudi beim Spielen zuschauen. Beide sind hier im Zoo geboren. Die Nilpferde bleiben so lange unter Wasser, dass wir erschrocken aufschreien, als sie endlich prustend hochkommen. Im Spinnenhaus fühle ich überall ein Krabbeln, obwohl die Tiere hinter Glas sitzen. Im »Indonesischen Dschungel« flattern mir tatsächlich die Fledermäuse um den Kopf. Und im Shop am Ausgang wartet das ultimative Souvenir: ein Eimerchen Elefanten-Dung!

ZURÜCK IN DIE STADT geht's mit dem Dampfschiff. Eine kleine Fähre bringt mich zunächst hinüber auf die Kaiser-Insel, die paar Schritte zur Anlegestelle laufe ich. Das Schiff ist schnell voll, die Fensterplätze sind als Erstes besetzt. Die echten Kenner aber, ein Vater und sein Sohn, drücken sich an den zwei Eingängen herum. Nur eine Kette wird hier vorgehängt. Wir grinsen uns an und halten die Nase in die frische Luft, fast auf Wasserebene.

Am Ufer scheint halb Prag zu radeln, skaten, joggen, spazieren. In Karlín gleiten wir an verwilderten Industriebrachen, Schrebergärten und futuristisch anmutenden Neubauten vorbei. In der Schleuse an der Štvanice-Insel erklärt der Vater seinem Sohn das Metermaß an der glitschigen Wand, während wir beobachten, wie der Pegel immer weiter steigt. Beim Zwischenstopp an der Čech-Brücke kommen die Schwäne so nah, dass wir sie fast anfassen können. Am Rašín-Kai spuckt der Dampfer uns aus. Und ich werde hier selbst zum Varis-Äffchen. Zumindest werde ich mit meinem Dung-Eimerchen ebenso lachend angestarrt.

WENN MAN SCHON MAL HIER IST:

Die Fahrt endet an der **Náplavka** (siehe S. 74) unterhalb von **Vyšehrad** (siehe S. 234). Wer nach dem vollen Zoo erst einmal Ruhe sucht, sollte im **Botanischen Garten** □→ direkt oberhalb vorbeischauen. Und vielleicht ein bisschen im japanischen Meditationsgarten oder bei den exotischen Pflanzen verweilen? Eine Fähre bringt Sie zur Kaiser-Insel, von da aus kann man durch den **Stromovka-Park** (siehe S. 151) bis zum **Messegelände** (siehe S. 155) und der Tramstation davor laufen.

FRÜHER WAR ICH (FÜR DIE) SCHEISSE, JETZT BIN ICH KULTUR

EINE FÜHRUNG DURCH DIE ALTE KLÄRANLAGE IN BUBENEČ

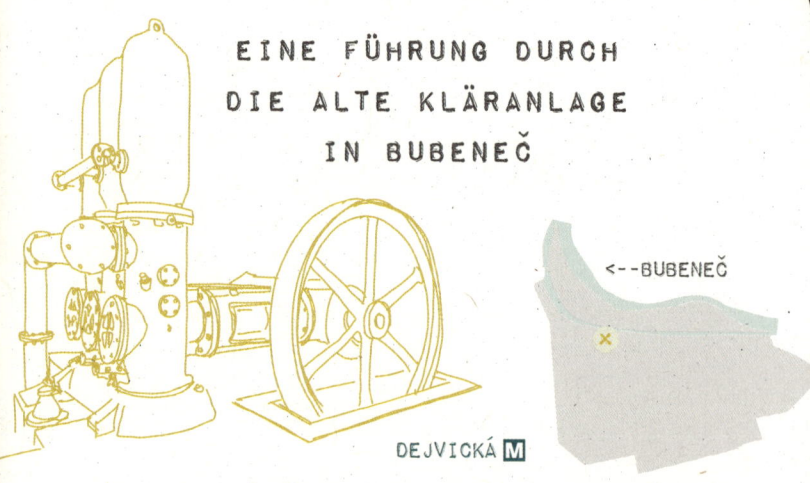

<--BUBENEČ

DEJVICKÁ M

+ + + S T E C K B R I E F + + +

WO? PARÍRENSKÁ 6 +++ VON METRO DEJVICKÁ MIT BUS 108 BIS STATION GOETHEHO. DANN 350 METER ZU FUSS +++ WANN? FÜHRUNGEN AUF ENGLISCH WERKTAGS UM 11 UND 14 UHR. AM WOCHENENDE UM 10, 11.30, 13, 15 UND 16.30 UHR +++ ANDERE TERMINE UND DEUTSCHE FÜHRUNG NACH ABSPRACHE UNTER TEL. 777790219 +++ STARACISTIRNA.CZ +++ WIE LANGE? 1.5 STUNDEN +++ WIE VIEL? 240 KRONEN, ERM. 140 KRONEN +++ WICHTIG! RUNDGANG NUR MIT FÜHRUNG MÖGLICH! +++

IM TRISTEN Betoneinerlei des Industriegebiets von Bubeneč fällt die alte Kläranlage schon von Weitem auf: warmroter Backstein, teilweise mit gelben Steinen abgesetzt, zwei schlanke, hohe Schornsteine und hohe Rundbogenfenster in den runden Giebeln. Beim Eintreten zeigt sich, dass sich Erbauer William Heerlein Lindley auch innen nicht lumpen ließ: gusseiserne Treppengeländer mit Pflanzenornamentik, runde Dachfenster, und alle Gebäudeecken sind abgerundet, als ob Lindley schon 1901 von Feng-Shui gehört hätte.

»Die Anlage wurde vor der Zeit des Funktionalismus gebaut. Damals durfte so ein Gebäude noch schön sein!«, beginnt Vojtěch seine Führung in der Eingangshalle, wo wir freundlich von Stofftier-Ratten gemustert werden. Neben der Kasse hängen Leinenbeutel mit dem tschechischen Wortspiel: »Früher war ich (für die) Scheiße, jetzt bin ich Kultur.«

1906 WURDE DIE KLÄRANLAGE in Betrieb genommen und entsorgte bis 1967 Prags gesammelte Abwässer. Seinerzeit war sie hochmodern, ein Vorbild für andere europäische Städte. Vojtěch führt uns hinunter in das logistische Meisterwerk. Wir sehen den Wasserrad-Raum, wo Energie für die Ventilatoren erzeugt wurde. Eine Dampfmaschine, die die Schlammpumpen betrieb. Extrem effiziente Druckluftpumpen. Die 30 Meter hohen Schornsteine, bietet Vojtěch an, können wir nächstes Wochenende hinaufklettern und uns innen abseilen lassen. Direkt in die Kanalisation. Mir wird jetzt schon schwindelig.

Den Geruch müssen wir zum Glück nicht live erleben. Genüsslich grinsend erinnert Vojtěch uns: Bis 1967 arbeiteten hier 15 bis 25 Männer Tag und Nacht buchstäblich in der Scheiße. Sie starben jung, von Bakterien zerfressen oder an Kohlenlunge: Rund drei Tonnen Kohlen musste ein Mann pro 12-Stunden-Schicht in die Dampfmaschine schütten. Dabei war der Verdienst erbärmlich. Immerhin, alles, was die Arbeiter im Abwasser fanden, gehörte laut Gesetz ihnen, fügt Vojtěch an. Verfing sich eine Leiche im Rechen des Sandfängers, zogen sie ihr erst den Ring vom Finger, bevor die Polizei gerufen wurde.

ÜBER EINE WIESE mit vielen kreisrunden Löchern – für die aufsteigenden Gase, erklärt Vojtěch – laufen wir zu unserer letzten Station, die darunterliegt: den zehn Absetzbehältern. Nach einem rostigen Gittertor führt eine steile, düstere Treppe hinab. Unten scheint noch eine weitere Gruppe zu sein, ich höre eine seltsam wispernde Frau eine Frage stellen. Erst als Vojtěch mir antwortet, fällt mir auf, dass das meine Stimme war, in den vielen Gängen durch ein Echo vervielfältigt. Unheimlich ist es hier! Auf einem Floß gleiten wir im Dunkeln über einen der 84 Meter langen Tanks. Früher stand hier die Gülle, heute können wir bis auf den Grund sehen. In der Mitte hängt eine Glocke von der Decke. Um die Krokodile zu vertreiben, scherzt Vojtěch. Aber wir haben eher Angst vor Ratten. Zurück geht's zu Fuß durch den eiförmigen Notkanal für Hochwasser – auf den Spuren von Gérard Depardieu. Der lief im Film *Les Misérables* mit einem Verwundeten auf dem Rücken durch Prags alte Kläranlage. Kultur eben. Zum Glück keine Scheiße mehr.

5

WENN MAN SCHON MAL HIER IST:

Ein paar Meter flussaufwärts beginnt der **Stromovka-Park** in den Auen der Moldau. Im 13. Jahrhundert war hier ein Jagdrevier. Die Sommerresidenz wird seit Jahren rekonstruiert und soll originalgetreu wiederaufgebaut werden. Der Park bietet 95 Hektar Auszeit im Grünen: gepflegte Rundwege, eine Fahrradstrecke am Ufer entlang, kleine Seen und Wasserläufe, wildere Ecken. Wer ganz durchläuft, kommt zum **Messegelände** (siehe S. 155) □→.

WENN MAN SCHON
MAL IN
HOLEŠOVICE,
BUBENEČ
UND TROJA
IST

+++ SEHEN +++
+++ ESSEN +++
+++ AUSGEHEN +++
+++ SHOPPEN +++
+++ SCHLAFEN +++

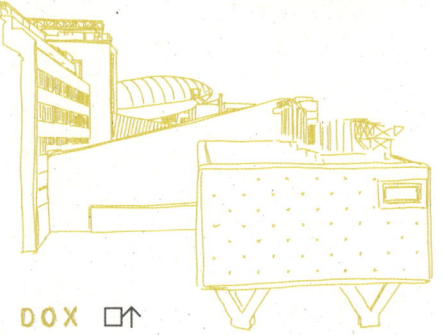

DOX ☐↑

Sechs Hallen für moderne Kunst, Architektur und Design. Die ehemalige Metallfabrik erinnert mit den schrägen Aufgängen ein wenig an ein kühles Einkaufszentrum. Organisch ovales Gegenstück ist der 42 Meter lange, begehbare Zeppelin auf dem Dach. Manchmal finden im hölzernen »Gulliver« Lesungen oder Konzerte statt.

+++ POUPĚTOVA 1 +++ TRAM 1/6/12/25 ORTENOVO NÁMĚSTÍ +++ DOX.CZ +++ SA-MO 10-18 UHR. MI/ FR 11-19 UHR. DO 11-21 UHR +++ 180 KRONEN. ERM. 90 KRONEN. KINDER 60 KRONEN +++

MESSEGELÄNDE (VÝSTAVIŠT)

Wie eine Märchenkulisse sieht der 1891 eröffnete Jugendstil-Industriepalast auf dem Prager Messegelände aus: eine filigran verwobene Fensterfront, zwei Ecktürme mit rundem Dach und ein luftig konstruierter Uhrenturm mit freischwebender Wendeltreppe. Leider hat sich das restliche Gelände immer noch nicht ganz von einem schweren Brand 2008 erholt.

+++ AREÁL VÝSTAVIŠTĚ +++ TRAM 1/2/5/6/12/ 14/17/25 VÝSTAVIŠTĚ HOLEŠOVICE +++ VYSTAVISTE PRAHA.EU +++ EINTRITT AUF DAS GELÄNDE FREI +++

MESSEPALAST (VELETRŽNÍ PALÁC)

Das heutige Museum für zeitgenössische Kunst hat es in sich: Fünf Stockwerke voller tschechischer und internationaler Werke, von Filla, Čapek oder Mucha über Beuys und Klee bis hin zu Picasso, um nur einen Bruchteil zu nennen. 1925–28 schufen Josef Fuchs und Oldřich Tyl mit dem Palast eines der ersten funktionalistischen Gebäude weltweit – und definitiv das größte. Die symmetrische Klarheit und die Leichtigkeit der Innenkonstruktion sind immer noch faszinierend.

+++ DUKELSKÝCH HRDINŮ 47 +++ TRAM 1/6/17/25 VELETRŽNÍ PALÁC +++ NGPRAGUE.CZ +++ DO-SO UND DI 10-18 UHR. MI 10-20 UHR +++ EINTRITT 220 KRONEN. ERM. 12 KRONEN +++

TECHNIKMUSEUM
(TECHNICKÉ MUZEUM)

Das Museum ist eine Art Spielplatz für Technikbegeister-
te. Man schlendert durch Hallen mit Oldtimern von Benz,
Bugatti, Java oder Praga, kann sich die Instrumente von
Tycho Brahe und Johannes Kepler ansehen oder den
Buchdruck nachvollziehen. Kinder freuen sich vor allem
auf den Abstieg in ein nachgebautes Kohlebergwerk (nur
mit Führer).

+++ KOSTELNÍ 42 +++ TRAM 1/12/25 LETENSKÉ
NÁMĚSTÍ +++ NTM.CZ +++ DI-SO 9-18 UHR +++
EINTRITT 250 KRONEN. ERM. 130 KRONEN. FAMI-
LIEN 470 KRONEN +++

SCHLOSS TROJA
(ZÁMEK TROJA)

Der freundliche, weiß-orange Barockbau wurde 1679 bis
1685 als Sommerresidenz für Graf von Sternberg gebaut.
Heute dient er als Kunstmuseum. Im Frühling, wenn die
japanischen Kirschbäume blühen, ist der kleine Barock-
garten mit seiner wunderschönen Freitreppe, dem großen Springbrunnen in der Mitte, den Obstbäumen und
dem Labyrinth sensationell.

+++ U TROJSKÉHO ZÁMKU 1 +++ METRO C NÁDRAŽÍ
HOLEŠOVICE. DANN BUS 112 BIS ZOOLOGICKÁ ZAH-
RADA +++ SCHLOSSTROJA.COM +++ DI-DO UND SA/
SO 10-18 UHR. FR 13-18 UHR +++ EINTRITT
SCHLOSS 120 KRONEN. ERM. 60 KRONEN. EINTRITT
GARTEN FREI +++

SASAZU

Das SaSaZu ist einer von Prags trendigsten Clubs. Und die asiatische Fusionsküche des Clubrestaurants ist vom Allerfeinsten. Leider entsprechend auch etwas teurer – mit rund 1.500 Kronen sollte an so einem Abend gerechnet werden.
+++ BUBENSKÉ NÁBŘEŽÍ 306 +++ TRAM 1/2/12/14/25 PRAŽSKÁ TRŽNICE +++ 284 097 455 +++ SASAZU. COM +++ MO-DO 12-0 UHR. FR/SA 12-1 UHR. SO 12-23 UHR +++

VEGTRAL

Schnuckeliges vegetarisches Restaurant mit Terrasse. Ob einen der vier fleischfreien Burger, eine der vielen Tortillas oder etwas Indisches: Alles gibt es auch zum Mitnehmen.
+++ ČECHOVA 12 +++ TRAM 1/2/12/14/17/25 LE- TENSKÉ NÁMĚSTÍ +++ 777 794 091 +++ VEGTRAL.CZ +++ TÄGL. 9-22 UHR +++

5

KONDITOREI ERHART

Seit 2007 gibt es die Konditorei aus der Ersten Republik wieder. Die Einrichtung ist ein bisschen langweilig, aber Kuchen und Kekse sind unbestreitbar die besten in der ganzen Stadt! Filiale in Vinohrady (Vinohradská 125) und in der Neustadt (Vodičkova 28).
+++ MILADY HORÁKOVÉ 56 +++ TRAM 1/2/12/14/17/ 25/26 LETENSKÉ NÁMĚSTÍ +++ 233 312 148 +++ ERHARTOVACUKRARNA.CZ +++ TÄGL. 10-19 UHR +++

THE FARM URBAN KITCHEN & COFFEE

Perfekt für ausgiebiges Frühstücken! Aber auch später am Tag gibt es leckere Kleinigkeiten und hausgemachte Kuchen, bewusst regional und saisonal zusammengestellt.
+++ KORUNOVAČNÍ 17 +++ TRAM 1/2/8/12/25/26 KORUNOVAČNÍ +++ 773 626 177 +++ MO-SA 8-22.30 UHR. SO 9-20 UHR +++

VNITROBLOK □↑

Die ehemalige Rohrfabrik wurde sorgsam im Ruinenstyle restauriert. Großzügig angelegtes Café in der Halle mit gemütlichen Loungemöbeln und Designer-Tischen, und die Burger aus dem Retrobus schmecken hervorragend! Außerdem gibt's Kino, Workshops, Ausstellungen, Lesungen, Tanztreffen …

+++ TUSAROVA 31 +++ TRAM 1/2/12/14/25 DĚL-NICKÁ +++ VNITROBLOK.CZ +++

CROSS CLUB

Jedes Jahr kommt irgendein neuer Schrott dazu – und zwar zusammengeschweißt zu abgefahrenen Skulpturen. Drinnen wie draußen im Biergarten sind Bühnen für Live-konzerte. Über allem wabert der Geruch von Gras.

+++ PLNYNÁRNÍ 23 +++ METRO C NÁDRAŽÍ HO-LEŠOVICE +++ CROSSCLUB.CZ +++

VEVERKA-STRASSE

Auf der Veverka-Straße hat sich eine alternative Shop-pingszene gebildet: mit dem Upcycle-Laden »Recycle with Love«, Designer-Kleidung im Jakoby oder den Möbeln von Helena Dařbujánová – sehr stylisch und doch bequem.

+++ VEVERKOVA ULICE +++ TRAM 1/2/5/6/12/14/17/25 STROSSMAYEROVO NÁMĚSTÍ +++

PRAŽSKÁ TRŽNICE

Im alten Schlachthof gibt es fast alles: unzählige Vietna-mesen-Shops, einen großen Elektronikmarkt, Bistros, Restaurants, einen sehr guten Bauernmarkt, aber auch den Mintmarket mit Designersachen und Kunst und das Tanztheater Jatka 78.

+++ BUBENSKÉ NÁBŘEŽÍ 13 +++ TRAM 1/2/12/14/25 PRAŽSKÁ TRŽNICE +++ MO-SA 8-20 UHR +++ PRAZSKA-TRZNICE.CZ +++

+ + + + + + + + + + + + **SCHLAFEN** + + + + + + + + + + + + +

PORT X

Die wohl ausgefallenste Art, in Prag zu übernachten. Das Sandwich-Hausboot wurde als Prototyp für modernes Wohnen gebaut und hat mehrere Architekturpreise ge-wonnen. Es kann komplett von bis zu vier Personen ge-mietet werden. Die Nacht kostet ab rund 200 Euro.

+++ HOLEŠOVICE MARINA +++ TRAM 1/6/12/17/25 U PRUHONŮ ODER TRAM 1/2/6/14/17/25 MANINY +++ 606 724 138 +++ PORTX.CZ +++

SIR TOBY'S

... war eines der ersten Hostels der Stadt. In dem reno-vierten Jugendstilhaus kann man Gemeinschaftszimmer buchen (10 Euro), aber auch komfortable Einzel- oder Doppelzimmer mit Bad (rund 66 Euro). Die gute Atmo-sphäre ist berühmt. Im Innenhof wird gegrillt, und in der gemeinsamen Küche gibt es immer Tee umsonst.

+++ DĚLNICKA 24 +++ TRAM 1/2/12/14/25 DĚLNICKÁ +++ 210 011 600 +++ SIRTOBYS.COM

6

ŽIŽKOV
UND KARLÍN

+++ ERLEBEN +++

ŽIŽKOV
UND KARLÍN-->

KIRCHE ST. KYRILL
UND METHOD

180

ROHANSKÉ NÁBŘ

MAIN POINT KARLÍN ×180

KARLÍNSKÉ NÁMĚSTÍ T L
×

M KŘIŽÍKOVA

164 × MIT SVÍČKOVÁ
ZUM DUDE WERDEN

168 × OH VÍTKOV,
DAS WIRD WEHTUN!

KONĚVOVA

J. ŽELIVSKÉ

KARLÍN-->

TACHOVSKÉ NÁMĚSTÍ B

× <

172 × DER GRÖSSTE
TSCHECHE ALLER ZEITEN

HUSINECKÁ T

SEIFERTOVA T LIPANSKÁ

179

OLŠANSKÁ

× >

178

× >

FERNSEHTURM

162 JIŘÍHO Z PODĚBRAD M

BETHLEHEMSKAPELLE ŽIŽKOV

VINOHDSKÁ

IN DEN 90ER-JAHREN schrillten in Žižkov ständig die Polizeisirenen, das ehemalige Arbeiterviertel war völlig heruntergekommen – aber hatte immer noch ein paar der besten Kneipen der Stadt. Diese und die nach wie vor vergleichsweise niedrigen Wohnungsmieten locken Studenten, Künstler, Schriftsteller an. Der Vítkov-Hügel mit dem Reiterdenkmal Jan Žižkas trennt Žižkov vom nördlich gelegenen Karlín. Durch einen Fußgängertunnel gelangten früher die Arbeiter zu den Fabriken und dem ansässigen Hafen. Doch das Viertel wurde beim Hochwasser 2002 zu großen Teilen zerstört. Dadurch entstand Raum für moderne Architektur-Experimente und alternative Projekte. Heute ist Karlín Prags Hipster-Hochburg.

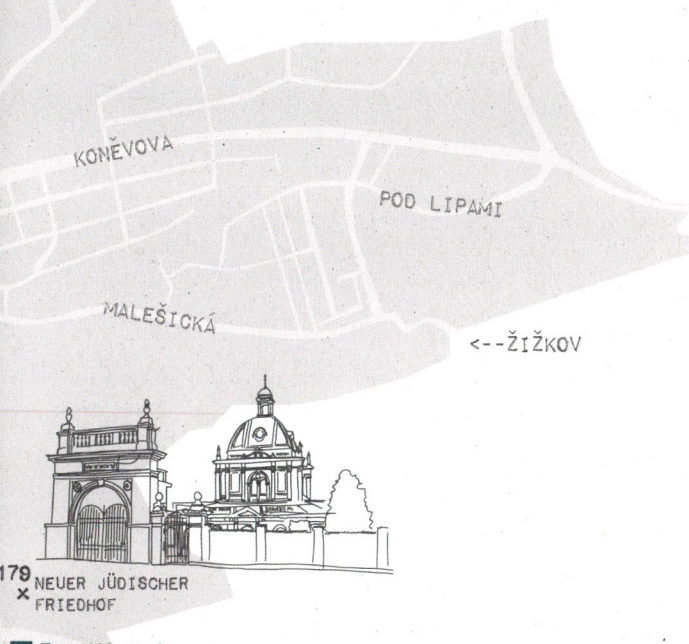

KONĚVOVA

POD LIPAMI

MALEŠICKÁ

<--ŽIŽKOV

179
x NEUER JÜDISCHER
FRIEDHOF

Ⓜ ZELIVSKEHO

MIT SVÍČKOVÁ ZUM DUDE WERDEN

EIN BÖHMISCH-KOCHKURS BEI BŘETISLAV SKOCZEK VON GOOD MOOD FOOD

KARLÍN-->

Ⓜ KŘIŽÍKOVA

+ + + S T E C K B R I E F + + +
WO? KŘIŽÍKOVA 67 +++ METRO B KŘIŽÍKOVA +++
WANN? NACH VERABREDUNG +++ TEL. 608 022 310
+++ GOODMOODFOOD.CZ +++ WIE LANGE? 3 BIS
4 STUNDEN +++ WIE VIEL? 2.490 KRONEN +++ WICH-
TIG! ES GIBT AUCH EXTRAKURSE MIT KINDERN! +++

HEKTISCH KOMMEN Madison, Natascha und ich angerannt, jede ein bisschen zu spät. Gelassen lächelnd wartet unser Kochlehrer in der Metro-Station, den Rücken an die Wand gelehnt. *The Big Lebowski* lässt grüßen: extrem entspannt, langes, graues Haar, zum Zopf gebunden, grauer Bart. »Břet«, stellt er sich vor, aber es klingt wie »the Dude«.

Weil jedes Kochen mit dem Einkaufen beginnt, geht's zuerst mit der Fähre über die Moldau zum Markt in Holešovice. Als die Verkäuferin am Gemüsestand uns sieht, hält sie sich eine Paprika ans Ohr. Břet nimmt eine Zucchini als Hörer. Am Gemüsetelefon besprechen die beiden, was wir alles brauchen. Schön mehlige Kartoffeln, die Äpfel bitte fest und saftig. Es gibt heute Svíčkova mit Knödeln, und zum Nachtisch Apfelstrudel. Also besorgen wir noch ein großes Stück Lendenbraten und fetten Speck. Und zurück nach Karlín, zu Břets Kochatelier!

400 JAHRE ist das Kellergewölbe alt, sagt Břet stolz. Es riecht nach Gewürzen und bester Laune. Zum Kochen gehört ein gutes Glas Wein, erklärt uns der Hausherr und stellt zwei Karaffen auf den riesigen Tisch. Madison und ich schnippeln Gemüse, Natascha spickt das Fleisch mit langen Speckfritten. Břet brät das Fleisch an. Zwischendurch wird es etwas hektisch, Břet drängelt, die Gemüsewürfel fallen jetzt deutlich größer aus. Natascha matscht in der Zwischenzeit mit den Händen im Knödelteig mit Kräutern und Brotstückchen. Anschließend entkernen wir 500 Gramm Kirschen und raspeln zwei Kilo Äpfel.

Dann köchelt das Fleisch mit dem Gemüse, den getrockneten Pilzen und der Ochsenschwanzbrühe im Topf vor sich hin. Der Strudelteig muss ziehen. Und die Apfelmasse muss eine Weile suppen, dadurch wird sie auch ohne Zucker süß, lernen wir. Ein idealer Moment für einen Schluck Wein und – Musik. Es stellt sich heraus, dass Madison King Musikerin ist, und sie spielt auf der Gitarre für uns ihre eigenen Songs. Aida kommt dazu, Břets Partnerin. Wir philosophieren darüber, was gesundes Essen mit einem gesunden Geist zu tun hat. Und welche Rolle der Wein dabei spielt.

ZEIT. den Braten aus dem Ofen zu ziehen und die berühmte Sauce zu bereiten. Madison püriert dafür das eingekochte Gemüse, etwas Sahne dazu – perfekt. Das Ganze darf ein bisschen ziehen, während der Knödel in Plastikfolie geschnürt kocht. Jetzt schnell noch die vier Strudel in den Ofen schieben. Dann werden Knödel und Braten in Scheiben geschnitten und nett auf den Tellern drapiert. Obendrauf darf ein Löffel selbst gemachter Cranberry-Marmelade von Aida nicht fehlen. Nach rund drei Stunden setzen wir uns zu Tisch. Madison schenkt allen Wein nach. Endlich probieren wir unser Werk, stolz prosten wir uns zu. Sogar die Knödel, die ich bisweilen mit langweiligem Weißbrot vergleiche, schmecken hervorragend, wenn man eigenhändig die Eier hineingeschlagen hat.

In der Metro lächle ich fröhlich alle an, deren Blick meinen kreuzt. »Good mood food«, nennen Břet und Aida ihre Kochkurse, und sie haben völlig recht. Ich habe extrem gute Laune. Nicht einmal die verpasste Tram kratzt mich. Ich lehne mich an die Wand und warte. Gelassen. Wie der Dude.

6

WENN MAN SCHON MAL HIER IST:

Wer links in die Kneipenstraße Křižíkova einbiegt, läuft an der **Art-Nouveau-Grundschule** vorbei zum barocken **Invalidenheim** von Kilian Ignaz Dientzenhofer. In die andere Richtung geht's zur neoromanischen **Basilika St. Kyrill und Method** (siehe S. 180) und zur Kulturbrache im Hof der **Kasarna Karlín** (siehe S. 182) ⇨. Witzige Vorstellungen und improvisierte Konzerte gibt es ein paar Schritte weiter im Innenhof einer Häuserruine, der **Bar/ak** (Na Poříčskou bránou 7).

OH VÍTKOV,
DAS WIRD WEHTUN!

BESUCH
DES GOTTWALD-MAUSOLEUMS
IM NATIONALDENKMAL

TACHOVSKÉ NÁMĚSTÍ B

<--ŽIŽKOV

+ + + S T E C K B R I E F + + +

WO? AUF DEM VÍTKOV-HÜGEL U PAMÁTNÍKU 1900
+++ TRAM 1/5/9 LIPANSKÁ ODER AB METRO FLO-
RENC MIT BUS 133/175/207 BIS TACHOVSKÉ NÁMĚSTÍ
+++ WANN? MI-SO 10-18 UHR +++ NM.CZ +++
WIE LANGE? 1.5 STUNDEN +++ WIE VIEL? 120 KRONEN.
ERM. 80 KRONEN +++

VOM TACHOVSKÉ NÁMĚSTÍ geht es steil den Vítkov-Hügel hinauf, eine Treppe, ein kurzer Querweg, dann
die nächste Treppe hoch. Neben mir trainieren zwei junge Tschechen, laufen laut stöhnend die Stufen auf und
ab. Ich ächze. Jemand hat auf den Weg vor mir geschrieben »To bude bolest« – das wird wehtun. Tut es schon,
denke ich. Ob das die Planer des Nationaldenkmals 1907
wohl so gedacht hatten: dass man demütig in Schweiß
gebadet und sprach-, weil atemlos vor dem Denkmal des
Hussitenkriegers Jan Žižka steht? Von hier oben schlug
er 1420 ein überlegenes Heer. Oder die Erbauer der Ge-
denkstätte von 1928 für die Gefallenen des Ersten Weltkriegs? Später auch des Zweiten Weltkriegs? Zumindest
den Kommunisten wird es wohl recht gewesen sein. Die
bauten 1953 Klement Gottwald, dem ersten Präsidenten
der ČSSR, in den heiligen Hallen ein Mausoleum.

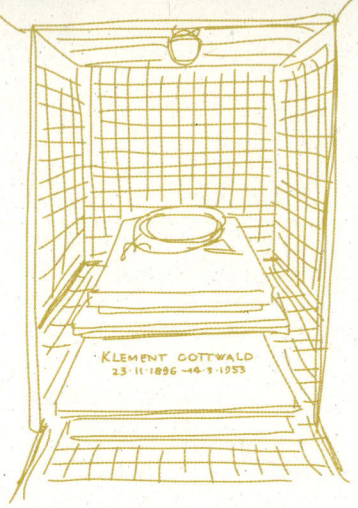

DAS PLATEAU auf dem Hügel ist eine Art Granitsteinwüste, in der sich die Hitze staut. Der Gebäudekomplex ist bombastisch groß. Einziger Schmuck sind die Reliefs mit Szenen aus den Hussitenkriegen auf dem großen Bronzetor. Martialisch steht Jan Žižka vor mir, 22 Meter hoch und 16,5 Tonnen schwer, angeblich das größte Reiterdenkmal der Welt.

Dann betrete ich das Innere, eine Art Kathedrale, allerdings mit leiser Marschmusik und Soldatenliedern. Die sakralen Hallen hat man so belassen, wie sie jahrzehntelang zu sehen waren: jede Menge Marmor, Relieftüren, Kerzenständer. Der Hauptsaal aus grauem und rotem Marmor ist voller namenloser Grabsteine. In einer Kapelle hängt *Der Verletzte* von Jan Štursa wie Jesus am Kreuz. Wo ursprünglich die überlebenden tschechoslowakischen Legionäre aus dem Ersten Weltkrieg nach ihrem Tod beerdigt werden sollten, fanden ab 1951 kommunistische Funktionäre ihre (vor-)letzte Ruhestätte – bis 1990. Schaukästen zeigen Soldaten, die 1940 »den Kommunismus mit ihrem Leben verteidigten«.

Zugleich bricht das Museum mit dem Mythos und veranschaulicht mit modernen Ausstellungselementen in allen Sälen den Alltag zwischen 1918 und 1989: die Turnbewegung Sokol etwa, die geheimen »Wohnzimmertheater« der Dissidenten, das Schicksal von Verfolgten.

WIE EIN RUNDER, begehbarer Heiligenschrein ist das Mausoleum für Klement Gottwald aufgebaut. Nur führt da, wo früher seine Bahre stand, heute eine Treppe, klaustrophobisch eng, in den Keller hinunter. Erst komme ich in eine Art Schaltzentrale, offenbar für das ganze Haus. Dann sehe ich hinter Glas das Labor. Ich stelle mir vor, wie der Leichnam Gottwalds von den extra eingeflogenen russischen Experten (dort war ja bereits Lenin mumifiziert worden) Nacht für Nacht aufgepeppt wurde, damit die Schulklassen morgens den modrigen Gestank und das verweste Aussehen nicht wahrnahmen. Denn, so viel ist sicher, die Balsamierung missglückte. Syphilis, munkeln böse Zungen. Gottwald starb 1953. 1962 musste er verbrannt werden.

Schnell zieht es mich wieder ans Licht – und diesmal hoch hinauf. Ein Aufzug mit goldener Tür und Marmor-Fußboden bringt mich direkt zum Dach. Was für eine Aussicht! Ein leichter, warmer Wind pustet Gottwald und sein Terrorregime aus meinem Kopf. Ich blicke nach unten. Um Žižka herum üben Skater. Von Demut keine Spur.

WENN MAN SCHON MAL HIER IST:

»Neboj« – Fürchte dich nicht – steht über dem Eingang des **Fußgängertunnels** □→, der unter dem Vítkov die Stadtteile Karlín und Žižkov verbindet. Er ist 350 Meter lang und wurde ursprünglich als Teil eines Atombunker gebaut. Auf der Žižkover Seite kann man im **Ausgeschossenen Auge** (siehe S. 181), in Karlín in der **Kasarna Karlín** (siehe S. 182) versacken. Oder gepflegt im **Eska** (siehe S. 181) essen gehen.

DER GRÖSSTE
TSCHECHE
ALLER ZEITEN

EIN ABEND
IM JÁRA CIMRMAN THEATER

BRYLE PROTI MOSKYTÜM

HUSINECKÁ **T** ✕

<--ŽIŽKOV

+ + + S T E C K B R I E F + + +
WO? ŠTÍTNÉHO 5 +++ TRAM 1/2/5/7/9/15/26 HU-
SINECKÁ +++ WANN? JEWEILS UM 19 UHR. DATEN
BITTE IM PROGRAMM ÜBERPRÜFEN +++ RESERVIE-
RUNG DRINGEND EMPFOHLEN +++ TEL. 222 781 860
+++ CIMRMANENGLISHTHEATRE.CZ +++ WIE LANGE?
2 STUNDEN +++ WIE VIEL? JE NACH SITZPLATZ 200,
300 ODER 330 KRONEN +++ WICHTIG! AUFFÜHRUNG IN
ENGLISCHER SPRACHE! +++

SCHNELL FÜLLT SICH das Foyer des Jára Cimrman Theaters. Ich habe keine Reservierung – wie gut, dass ich dafür überpünktlich war. Draußen steht mittlerweile eine Schlange. Alle wollen die neuesten Forschungsergebnisse über das Leben und Wirken des einst vergessenen und in den 60er-Jahren von den beiden Dramaturgen Zdeněk Svěrák und Ladislav Smolijak wiederentdeckten tschechischen Genies hören und sein Theaterstück sehen. Cimrman war alles zugleich, Dramaturg und Philosoph, Wissenschaftler, Sportler, Mathematiker, Gynäkologie-Autodidakt, vor allem aber Tschechiens bedeutendster, wenn auch leider erfolglosester Erfinder. 2005 wurde er in einer Umfrage zum »Größten Tschechen aller Zeiten« gewählt. Aber Jára Cimrman wurde disqualifiziert. Denn er ist eine Kunstfigur! Réine Erfindung!

gibt es das Cimrman Theater, und es ist ein Symbol für den subtilen humorvollen Widerstand der Tschechen gegen die Sowjetmacht. Svěrák und Smolijak erschufen ihren glücklosen Helden als Gegenstück zum heroischen Pathos der Kommunisten. Kurzerhand erklärten sie Cimrman zum Lehrer von Albert Einstein, zum Mitarbeiter Graf Zeppelins, und Picasso musste er den Kubismus erklären. Cimrman, das weiß jeder Tscheche, erfand sowohl das Dynamit als auch die Glühbirne, aber ärgerlicherweise kamen ihm Alfred Nobel und Thomas Alva Edison beim Patentamt zuvor. Cimrman soll irgendwann vor dem Ersten Weltkrieg gelebt haben, Genaueres ist unbekannt, und stellte damit offensichtlich keine Gefahr für die kommunistischen Machthaber dar. Und doch misstrauten sie ihm zutiefst, und in jeder Vorführung saßen Agenten des STB. Das meiste Gelächter galt ihnen.

Ich nutze die Wartezeit im Foyer und studiere die kleine Ausstellung. Gravuren, die angeblich den Strand zeigen, an dem Cimrman zum ersten Mal das Meer erblickte, oder seinen Messestand auf der Jubiläumsausstellung 1891. Seine Erfindungen wie die Insektenbrille aus Gaze und das Familienfahrrad mit fünf Sitzen. Dann läutet es auch schon, das Stück geht los.

FÜNF CIMRMANOLOGEN betreten die Bühne. Sie diskutieren über ein wiederentdecktes Stück von Cimrman. Dass die absolute Genialität bei der Premiere (und einzigen Aufführung) nicht auf Anhieb zu erkennen war, erfahren wir, lag nur daran, dass Cimrman ein Mitglied seines Teams verlor. Er selbst hatte nämlich eine Beinverletzung. Deshalb heuerte er den berühmten Karel Infeld Prácheňský an – die anderen mussten dafür auf ihre Gage verzichten. Die »Premiere« wird jetzt von den Cimrmanologen nachgespielt. Cimrman gibt aus dem Rollstuhl Instruktionen. Missmutig spielt ein älterer Bartträger die junge Vlasta, die bei ihrem Vater lebt und um die zwei Männer buhlen, unter anderem wegen des Erbes. Mal läuft der Nebenbuhler gegen eine verschlossene Tür, mal zieht Valuta aus Versehen der Puppe, die ihren Vater darstellen soll, den Arm heraus. Als absolutes Desaster aber entpuppt sich der arrogante Prácheňský, der sich seinen Text nicht merken kann. Am Ende scheitert Cimrman also schon wieder. Oder auch gerade nicht. Immerhin haben rund 230 Zuschauer sich kaputtgelacht. Wenn das nicht genial ist …

WENN MAN SCHON MAL HIER IST:

Das Stück endet gegen 21.30 Uhr – perfekt für einen Absacker! Den nimmt man am besten 350 Meter weiter im **Ausgeschossenen Auge** □→ (siehe S. 181). Wer Lust auf eine Mutprobe hat, kann durch den beleuchteten **Fußgängertunnel nach Karlín** gehen (siehe S. 171). Besonders romantisch ist es dagegen um diese Zeit oben auf dem **Vítkov-Hügel** (siehe S. 168) mit Blick über das nächtliche Prag.

FERNSEHTURM (ŽIŽKOVSKÝ VYSÍLAČ)

1985 begann man mit dem Bau des Fernsehturms, es wurde gemunkelt, um die Prager daran zu hindern, westliche Sender zu hören. Der Žižkover jüdische Friedhof wurde für das Konstrukt von Architekt Václav Aulický kurzerhand zerstückelt. Heutzutage überträgt der Turm jedenfalls TV und Radio, und auf seiner Spitze befindet sich eine Wetterstation. 216 Meter ist er hoch und hat mehrere Ebenen mit Restaurants, einem Hotel (siehe S. 183) und einem Aussichtspunkt.

+++ MAHLEROVY SADY 1 +++ METRO A JIŘÍHO Z PODĚBRAD +++ 201 320 085 +++ TOWERPARK.CZ +++ FÜR RESTAURANTBESUCHER FREI. AUSSICHTSPLATTFORM 200 KRONEN +++

← □

NEUER JÜDISCHER FRIEDHOF
(NOVÝ ŽIDOVSKÝ HŘBITOV)

1890 wurde er als dritter jüdischer Friedhof (nach Josefov und dem Friedhof am Fernsehturm) geschaffen. Es gibt dort viele interessante (Jugendstil-)Grabsteine zu sehen, die meisten Inschriften sind auf Deutsch. Das **Grab von Franz Kafka** ist schon am Eingang ausgeschildert. Blumen und Steinchen zeigen an, dass es immer noch sehr häufig aufgesucht wird. Kafka starb 1924 mit 41 Jahren an Tuberkulose. Seine Schwestern kamen im Holocaust um, woran eine Gedenktafel erinnert.

+++ IZRAELSKÁ 1 +++ METRO A ŽELIVSKÉHO +++ SYNAGOGUE.CZ +++ APRIL-OKT. SO-DO 9-17 UHR. NOV-MÄRZ 9-16 UHR. FR 9-14 UHR +++

BETHLEHEMSKAPELLE
ŽIŽKOV
(BETLÉMSKÁ KAPLE)

Die kleine Kapelle liegt gut versteckt in einem Innenhof. Der Architekt Emil Králíček hat ein kubistisches Kleinod mit Jugendstil-Elementen geschaffen. 1914 wurde die Bethlehemskapelle geweiht und wird bis heute von der evangelischen Gemeinde genutzt.

+++ PROKOPOVA 10 +++ TRAM 5/9/15/26 LIPANSKÁ +++ KEINE GEREGELTEN ÖFFNUNGSZEITEN +++ ZIZKOV1.EVANGNET.CZ +++

KIRCHE ST. KYRILL UND METHOD (KOSTEL SV. CYRILA A METODĚJE)

Die dreischiffige, neoromanische Basilika ist eine der größten Kirchen Tschechiens: 75 Meter lang, 31 Meter breit, 27,5 Meter hoch. Sie wurde im Jahr 1863 geweiht, um das Millennium der einstigen Ankunft der christlichen Missionare Kyrill und Method zu feiern. Berühmte Künstler wirkten an der Kirche mit, u. a. der Bildhauer Václav Levý oder die Maler Josef Mánes und František Ženíšek.

+++ KARLÍNSKÉ NÁMĚSTÍ +++ TRAM 3/8/24 KARLÍNSKÉ NÁMĚSTÍ +++ TÄGL. 8–20 UHR +++

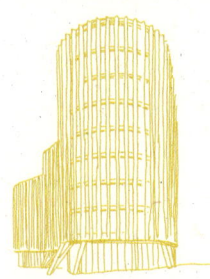

MAIN POINT KARLÍN

Das Main Point Karlín ist zwar ein Geschäftsbau, aber für Besucher steht es offen. 2011 wurde es mit dem MIPIM Award zum besten Bürogebäude der Welt gekürt. Die Auszeichnung gilt vor allem seinem Nachhaltigkeitskonzept. Das runde Bauwerk mit dem ebenfalls runden Innenhof hat eine seltsame schuppenartige Fassade, die vor direktem Sonneneinfall schützt. Es wird mit Moldauwasser gekühlt. Die Wände innen sind mit vertikalen Gärten bepflanzt. Zudem gibt es (kostenlos) eine spannende Bildergalerie mit Werken von Otto Gutfreund oder Barockmeister Jan Kupecký zu sehen.

+++ POBŘEŽNÍ 21 +++ TRAM 3/8/24 KARLÍNSKÉ NÁMĚSTÍ +++ AM SCHÖNSTEN ZU BETRETEN ÜBER DIE BRÜCKE VOM MOLDAUUFER AUS +++

U VYSTŘELENÝHO OKA

Das Gasthaus Zum ausgeschossenen Auge ist dem einäugigen Hussitenführer Jan Žižka gewidmet. Jede Nacht fließt bis ein Uhr das Bier in Strömen, und manchmal werden ein paar Tische weggeräumt und Konzerte veranstaltet.

+++ U BOŽÍCH BOJOVNÍKŮ 3 +++ TRAM 1/5/15/26 HUSINECKÀ. DANN 8 MINUTEN LAUFEN +++ 222 540 465 +++ UVOKA.CZ +++ MO-SA AB 16.30 UHR +++

GARTENRESTAURANT LAVIČKA

Mit wunderschönem Wintergarten und einer der wenigen Prager Terrassen, von denen aus man nicht direkt auf die nächste Häuserwand starrt. Dazu gibt es einfaches tschechisches Essen – auch für Vegetarier – zu sehr fairen Preisen.

+++ SEIFERTOVA 77 +++ TRAM 5/9/1/26 LIPANSKÁ +++ 222 221 350 +++ RESTAURACE-LAVICKA.CZ +++ TÄGL. 11-23 UHR +++

ESKA

Cooles Industriedesign im Forum Karlín. Offene Küche, in der traditionelle tschechische Gerichte sehr raffiniert aufgepeppt werden – mit viel Gemüse und Wildfleisch. Im unteren Stockwerk kann man auch Spezialitäten und hauseigene Backwaren zum Mitnehmen kaufen.

+++ PERNEROVA 49 +++ METRO B KŘIŽÍKOVA +++ 731 140 884 +++ ESKA.AMBI.CZ +++ MO-FR 8-23.30 UHR. SA-SO 9-23.30 UHR +++

MUJ ŠÁLEK KÁVY

Originelles kleines Kaffee mit Selbstgebackenem. Der Brunch am Wochenende kann sich bis in den Abend ziehen.

+++ KŘIŽÍKOVA 105 +++ METRO B KŘIŽÍKOVA +++ 725 556 944 +++ MUJSALEKKAVY.CZ +++ MO-SA 9-22 UHR. SO 10-18 UHR +++

6

PALÁC AKROPOLIS

1928 als Kulturpalast gegründet, geriet der unterirdische Theatersaal nach dem Zweiten Weltkrieg völlig in Vergessenheit. Seit 1991 wird er wieder bespielt – mit Auftritten von *Pussy Riot*, *Fanfare Ciocarlia* oder den *Strokes*.

+++ KUBELÍKOVA 27 +++ METRO A JIŘÍHO Z PODĚBRAD +++ PALACAKROPOLIS.CZ +++ DI-SO 11-3 UHR. MO 11-0 UHR +++

KASÁRNA KARLÍN □↑

Die ehemalige Kaserne war im Jahr 1849 für 2.000 Soldaten konzipiert. Im riesigen Innenhof gibt es gleich mehrere Biergärten und ein Open-Air-Kino, innen eine Bar, eine Konzerthalle sowie die Karlín Studios für alternative Kunstprojekte.

+++ PRVNÍHO PLUKU 2 +++ METRO B/C FLORENC +++ KASARNAKARLIN.CZ +++ MO-FR 13-0 UHR. SA/SO 10-0 UHR +++

PLAYBAG

Stylische Taschen, Gürtel, Geldbeutel und witzige Chuck-Varianten aus der Werkstatt von Designer Aleš Loch aus Zlín. Alte Taschen kann man zum Recyceln zurücksenden.

+++ BOŘIVOKOVA 106 +++ TRAM 5/9/15/26 LIPANSKÁ +++ MO-FR 13-20 UHR. SA 11-15 UHR +++

BOHEMIAN RETRO

Gilt als Prags bester Vintage-Shop – mit ausgesuchten Klamotten auch für Männer. Dazu abgefahrene Hüte, Sonnenbrillen und Accessoires made in ČSSR.

+++ CHVALOVA 8 +++ TRAM 5/9/15/26 LIPANSKÁ +++ BOHEMIANRETRO.COM +++ DI-SA 12-19 UHR +++

ONE ROOM HOTEL

Die Übernachtung im Fernsehturm in Žižkov ist teuer (DZ um 540 Euro), aber dafür im Wortsinn exklusiv. Im einzigen Hotelzimmer schauen Sie aus 68 Metern Höhe vom Bett aus auf Prag herunter. Das ganze Zimmer ist auf die Fensterfront ausgerichtet, modern gestylt und mit einem Badezimmer hinter Glas.

+++ MAHLEROVY SADY 1 +++ METRO A JIŘÍHO Z PODĚBRAD +++ 201 320 085 +++ TOWERPARK.CZ/ HOTEL-ONE-ROOM +++

HOTEL KARLÍN

Toplage, wenn man Karlín besser kennenlernen und doch auch direkt an der Metrolinie zum Zentrum wohnen will. Die Zimmer sind kühl und praktisch eingerichtet, teilweise gibt es auch Mehrbettzimmer. Die meisten haben sogar einen kleinen Balkon. DZ rund 75 Euro.

+++ SOKOLOVKÁ 71 +++ METRO B KŘIŽÍKOVA +++ 222 539 539 +++ CASA-ITALIA.HOTEL.CZ +++

6

7

VINOHRADY
UND VRŠOVICE

+++ ERLEBEN +++

<--VINOHRADY
UND VRŠOVICE

HERZ-JESU-KIRCHE

VINOHRADY-->

RIEGER-PARK ×207

VIAGRA IM
BLUMENTOPF
192

206

POLSKÁ

VINOHRADSKÁ **T**

VINOHRADSKÁ
VODÁRNA

M

JIŘÍHO Z
PODĚBRAD

NÁMĚSTÍ MÍRU **M**

HOP ON. HOP OFF ×
FÜR 36 KRONEN 186

KORUNNÍ

MORAVSKÁ

FRANCOUZSKÁ

JANA MASARYKA **T**

T KRYMSKÁ

T RUSKÁ

BĚLEHRADSKÁ

208

207

200
IN VINO VERITAS
BEIM GROSSSTADTWINZER

HUS HAUS

KRYMSKÁ-STRASSE

KIRCHE ST. WENZEL

VINOHRADY ist eines von Prags beliebtesten Wohnvierteln – und das seit jeher. Im 18. Jahrhundert entstand auf dem ehemaligen Weinberg eine noble Bürgersiedlung. Heute bedeutet das: Großräumige Wohnungen in schön restaurierten Altbauten, an jeder Ecke ein gepflegter Park und eine bunte Gastroszene, tolle Märkte, individuelle Geschäfte. Der kleine Bruder Vršovice wurde dagegen lange Jahre vernachlässigt und konnte sich so zur alternativen Künstler- und Lebenskünstler-Hochburg entwickeln. Mittlerweile hat allerdings auch hier die Gentrifizierung begonnen.

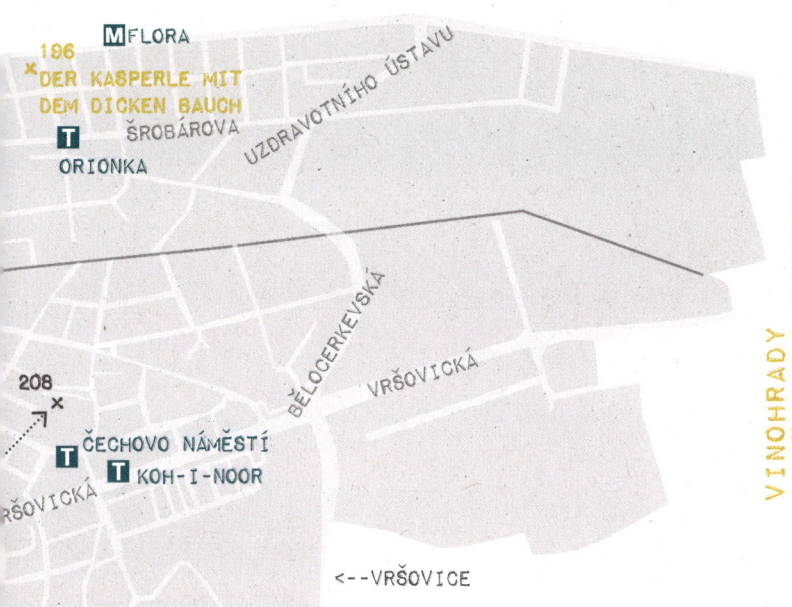

HOP ON,
HOP OFF
FÜR 36 KRONEN

EINE FAHRT MIT DER TRAM 22

VINOHRADY-->

NÁMĚSTÍ MÍRU

+ + + S T E C K B R I E F + + +
+++ WO? START METRO A NÁMĚSTÍ MÍRU. END-
STATION TRAM 22 POHOŘELEC +++ WANN? TÄG-
LICH ZWISCHEN 4.54 UHR MORGENS UND 0.09 UHR
NACHTS +++ WIE LANGE? OHNE UNTERBRECHUNGEN
ETWA 40 MINUTEN +++ WIE VIEL? 36 KRONEN +++

GÜNSTIG. FAMILIENFREUNDLICH

ALS ES BEGINNT, nach gutem Essen zu riechen und Stimmengewirr aus den Lokalen dringt, mache ich mich langsam fertig. Es ist halb acht. Am Náměstí Míru herrscht zielstrebiges Treiben, Touristen sieht man kaum. Die meisten gehen jetzt nach einem anstrengenden Tag zu Tisch. Die Sightseeing-Busse haben Feierabend. Der ideale Zeitpunkt für eine entspannte Besichtigungstour durch die Stadt! Und zwar ohne einen ungeduldigen Fremdenführer, der zur Weiterfahrt drängt, ohne nervige Nur-noch-ein-Foto-Trödler und ohne lange Wartezeiten an der Prager Burg. Ich steige in die Tram 22. Die ist nicht nur Prags wichtigste Verbindung von Hostivař bis nach Bíla Hora, einmal quer durch die ganze Stadt. Sie fährt ganz nebenbei auch an den schönsten Sehenswürdigkeiten vorbei. Bis spät in die Nacht. Alle fünf Minuten. »Hop on, hop off«, soviel ich will. Und das für 36 Kronen!

»BEENDEN SIE BITTE das Ein- und Aussteigen, die Türen schließen«, sagt eine strenge Frauenstimme auf Tschechisch. Wir verlassen das edel-schicke Vinohrady in Richtung Neustadt. An der barocken St.-Ignatius-Kirche vorbei fahren wir auf den Karlsplatz. Die Wiese vor dem Neustädter Rathaus ist voller Leute. Ein paar Studenten kommen offenbar erst jetzt von der medizinischen Fakultät und wollen nach Hause oder in die nächste Bar. An der Národní třída steigen noch mehr junge Leute zu. Ich räume meinen Platz für eine ältere Dame. Sie fällt auf in dieser Tram voller Feierwütiger.

Ab jetzt folgt ein Prager Highlight aufs andere: die Laterna Magika, das Nationaltheater mit der goldenen Krone. Alle, wirklich alle Köpfe drehen sich zur Burg, die in der Abendsonne strahlt, als wir über die Brücke der Legionen fahren. Am Malostranské náměstí steige ich aus, um mir die St.-Nikolaus-Kirche und die Pestsäule anzuschauen. Danach ist die Tram deutlich leerer. Ich setze mich auf die rechte Seite. Denn nun beginnt meine Lieblingsstrecke, in Serpentinen den steilen Berg hinauf und mit einem umwerfenden Blick auf Prags Dächer hinunter.

AN DER STATION PRAŽSKÝ HRAD

steige ich aus. Gestern Mittag stand hier eine Menschenmenge, so groß, als würde Karel Gott ein kostenloses Konzert geben. Um diese Uhrzeit grüßen mich zwei Soldaten entspannt vor leeren Kontrolldurchgängen. Meine Schritte schallen durch den Burghof. So menschenleer scheint er viel größer als tagsüber. Und der Veitsdom noch majestätischer. Außer mir ist nur ein Profifotograf unterwegs. Ich studiere die Goldene Pforte, bewundere die tolle Fassade, suche den besten Blickwinkel. Witzig, dass man sich auch zu zweit gegenseitig im Weg sein kann. Das Goldene Gässchen kostet um diese Zeit keinen Eintritt. Ich komme an einem kleinen Café vorbei, das noch geöffnet und tatsächlich eine Familie zu Gast hat.

Ich aber will lieber eine weitere Station mit meiner Hopon-Tram fahren, nach Pohořelec. Im Kloster Strahov trinke ich ein schnelles Bier in der Brauerei. Dann bummle ich durch die Anlage und den Petřín-Park hinunter. Unter mir leuchten die warmen Lichter der Stadt. Gerade pünktlich komme ich an der Hellichova-Straße an. Die Tram 22 wartet bereits auf mich.

WENN MAN SCHON MAL HIER IST:

Die Tram 22 hält an sämtlichen touristischen Hotspots der Stadt, vielleicht haben Sie Lust, am **Karlsplatz** (siehe S. 71) auszusteigen, am **Nationaltheater** (siehe S. 72) oder am **Kleinseitner Ring** ☐→ (siehe S. 108). Es lohnt sich, den Rückweg vom **Kloster Strahov** (siehe S. 128) zu Fuß anzutreten. Im **Petřín-Park** finden Sie den Aussichtsturm und das Spiegelkabinett (siehe S. 120) oder auf halber Höhe die **Petřínské terasy** (siehe S. 109).

VIAGRA
IM BLUMENTOPF

BUMMELN AUF DEM BAUERNMARKT
IN VINOHRADY

VINOHRADY-->

Ⓜ ⚔ JIRÍHO Z
PODĚBRAD

+ + + S T E C K B R I E F + + +
WO? PLATZ JIŘÍHO Z PODĚBRAD +++ METRO A
JIRÍHO Z PODĚBRAD +++ WANN? MI-FR 8-18 UHR.
SA 8-14 UHR +++ TRHYJIRAK.CZ +++ WIE VIEL?
KOSTENLOS +++ WICHTIG! ES GIBT JEDE MENGE
SPIELZEUG FÜR KINDER! +++

KOSTENLOS, FAMILIENFREUNDLICH

»ICH ÜBERNEHME keine Verantwortung für das, was ich vor dem ersten Kaffee sage«, steht auf den Bechern des Kaffee Klubs, unserer allerersten Station auf dem Bauernmarkt. Mit einem kräftigen Wachmacher in der Hand kann es losgehen. Samstagmorgen, 10.30 Uhr. Entspannt bummelt halb Vinohrady durch die rund 30 Stände. Die wirklich ehrgeizigen Käufer sind schon weg, erklärt mir die Verkäuferin am Gemüsestand grinsend. Die kommen morgens ganz früh, suchen sich die besten Kartoffeln aus, die schönsten Salatköpfe, beim Nachbarn das frischeste Fischfilet. Wenn sie weg sind, legen die Händler nach: beste Kartoffeln, schönste Salate und frischeste Fische. Dann kommen so Leute wie wir. Was wir heute Abend kochen wollen, das wissen Karolina, Jitka und ich noch nicht. Aber wir sind sicher, dass wir es auf dem »Markt auf dem Jiřák« finden.

WIR BEFINDEN UNS im Edelviertel Vinohrady, das ist nicht zu übersehen. Eine ältere Dame mit wallendem weißen Leinengewand fährt in einem Kinderwagen zwei Hunde spazieren, die sich routiniert-arrogant umschauen. Eine kleine Amerikanerin mit langgezogenem Giraffen-Tattoo auf dem recht dicken Oberarm lauscht dem Verkäufer am Pflanzenstand. Es gibt eigentlich für jedes Wehwehchen ein Pflänzchen, erklärt er ihr. Viagra etwa kann sie ganz einfach auf dem Balkon züchten, er zeigt auf den Burzeldorn. Und damit man seine Wirkung viele Jahre lang genießen kann, hat er eine Ginsengpflanze im Angebot, die verspricht Unsterblichkeit, sagt er.

Beim Biometzger diskutieren zwei junge Männer mit Schnauzer und aufwendig zerfetzten T-Shirts, ob sie die sündhaft teuren Steaks oder den Braten nehmen sollen. Ein Hund starrt neben mir wie hypnotisiert auf die offen daliegenden Würste. Der Händler kennt ihn offenbar, bleibt jedenfalls völlig entspannt. Tatsächlich schnappt das Tier nicht zu. Wir dagegen schon, hausgemachte Hartwürste vom Feinsten. Nach einer Dreiviertelstunde haben wir ein perfektes Abendessen zusammengestellt, und Jitkas kleine Tochter Miladka zieht es mächtig zur Wiese nebenan.

DIE MARKTBUDEN stehen nur auf einer Seite des Jiřák, aber der ganze Platz lebt davon. Alle Geschäfte und Cafés haben die Türen weit geöffnet und Tische auf die Straße gestellt. Überall auf der Wiese vor der Kirche sitzen Leute in Grüppchen, knutschen Pärchen und spielen Kinder – mit Bobbycars, Fahrrädchen, Springseilen, Bällen, einfach allem, was das Kinderherz begehrt. Jeder darf sie benutzen, am Ende des Tages werden sie wieder beim Antiquariat abgegeben.

Begleitet werden wir die ganze Zeit von Livemusik. Vor der Herz-Jesu-Kirche steht ein weißes Zelt, und auf dieser sehr improvisierten Bühne wechseln sich die Bands ab. Gerade spielt das *Mole's Wing Orchester*. Bedächtig wiegt Miladka ihren dicken Pamperspopo im Rhythmus. Die Beats aus den 40er-Jahren gehen nicht nur der Kleinen in die Beine, immer mehr Leute wippen im Takt, und endlich formieren sich Paare, die stilgerecht Swing tanzen. Wie gut, dass es zum Abendessen noch so lange hin ist. Mit Limo, Bier und einem Bobbycar lassen wir uns im Gras nieder. Jetzt kann das Wochenende beginnen.

WENN MAN SCHON MAL HIER IST:

Es lohnt sich, die **Herz-Jesu-Kirche** (siehe S. 206) auch von innen anzuschauen. Über den Dächern sehen Sie den **Fernsehturm** □→ (siehe S. 178) am Rande des Stadtteils Žižkov. Und wenn Sie einfach nur noch relaxen wollen, sind es fünf Minuten zu Fuß zum **Rieger-Park** (siehe S. 297) mit einem fröhlich-lauten Biergarten und einem kleinen ruhigen an der Mlíkárna.

DER KASPERLE MIT DEM DICKEN BAUCH

EINE MARIONETTE SELBER BAUEN MIT PAVEL TRUHLÁŘ

VINOHRADY-->

Ⓜ FLORA
Ⓣ ORIONKA

+ + + S T E C K B R I E F + + +

WO? BOLESLAVSKÁ 11 +++ METRO FLORA ODER TRAM 10/
11/16 ORIONKA +++ WANN? NACH ABSPRACHE +++
MARIONETY.COM +++ WIE LANGE? 3 BIS 4 STUNDEN
+++ WIE VIEL? 2.300 KRONEN PRO PERSON +++
WICHTIG! DIE ROHLINGE KANN MAN AUCH IM SET
ZUM MITNEHMEN KAUFEN! +++

DIE ÄHNLICHKEIT ist verblüffend. Das »Mini-Me« von Pavel Truhlář habe ich in seinem Marionettengeschäft auf der Kleinseite gesehen. Jetzt öffnet uns der Künstler selbst die Tür, mit Brille, Dreitagebart und wuscheligem Haar. Ein bisschen ehrfürchtig sind wir schon, als wir sein Atelier betreten. Über hundert Marionetten schauen, einträchtig nebeneinander aufgereiht, auf uns herab. Hexen, Drachen, Pinocchios, Prinzessinnen, jede Menge Kasperle. Kein Gesicht gleicht dem anderen. Darunter sind neun Arbeitsplätze vorbereitet, mit Malunterlagen, Stiften, Lampen. Für zwei Kinder und sieben Erwachsene aus Litauen, Deutschland und Frankreich. Die Ehrfurcht will uns Pavel nehmen. In den kommenden Stunden wird er uns helfen, unsere eigenen kleinen Marionetten zu basteln, anzumalen und zu bekleiden.

einen Ordner mit Bildern. Wir sollen ihn durchblättern und genau überlegen, welche Puppe uns am meisten anspricht. Die Wahl fällt schwer, eine Figur ist witziger als die andere. Vielleicht ein Pferd? Oder ein Kater? Ein Skelett? Am Ende entscheide ich mich für eine kleine Hexe. Die hab ich immer schon ums Besenfliegen beneidet. Yann, der 10-jährige Franzose neben mir, nimmt den Kasperle. Wir bekommen einen Umriss von unserer Figur. Es herrscht eifrige Ruhe, als wir jeweils unsere Entwürfe von Gesicht und Körper hineinmalen. Dann geht Pavel mit uns an seinen Archivschrank. Die Körperteile sind durchnummeriert und in Kästen sortiert. Hände, Füße, Arme, alles wird einzeln zusammengesucht. Dieses geniale Konzept hat sich Pavel vor rund zwölf Jahren ausgedacht. So kann man die Puppen beliebig kombinieren, erklärt er uns. Die schlanke Prinzessin etwa wird mit dem Bauch vom König zur dicken Königin. Yann ist begeistert. Sein Kasperle soll auch einen dicken Bauch haben. Das passt doch nicht, wird er korrigiert. Aber er bleibt kreativ stur. Als alle versorgt sind, nehmen wir die Buntstifte und Pinsel und legen los.

HOCH KONZENTRIERT ARBEITEN WIR.

Yann ist so versunken, dass sein Mund offen steht. Für Pavel ist das ganz selbstverständlich. Er arbeitet oft mit Kindern, auch mit viel jüngeren. Alle sind begeistert. Marionetten sind einfach magisch, findet er. Gerade, weil ihre Bewegungen so reduziert und die Gesichter starr sind, lassen sie der Fantasie Raum. Vielleicht hat er recht, jedenfalls bin ich nicht die Einzige, die mit ihrer widerspenstigen Puppe schimpft.

Im Moment versagt meine Fantasie noch, wie aus diesen vielen Einzelteilen jemals meine Hexe Wackelzahn werden soll. Als alles bunt ist, begebe ich mich ans Zusammensetzen. Bloß aufpassen, dass die Schnüre sich nicht verheddern, an denen die Puppe aufgehängt wird. Gut, dass Pavel seine Augen überall hat ...

Am Ende, nach fast vier Stunden, hat jeder von uns es tatsächlich geschafft. Fröhliche Geschwätzigkeit macht sich breit. Neun stolze Bastler lassen im wahrsten Sinne des Wortes die Puppen tanzen. Und dabei zeigt sich vor allem der dicke Kasperle erstaunlich beweglich.

7

WENN MAN SCHON MAL HIER IST:

Lust auf einen Spaziergang durchs Viertel? Die **Herz-Jesu-Kirche** (siehe S. 206) ☐→ und der Platz **Jiřího z Poděbrad** sind gleich um die Ecke. Vielleicht ist dort ja sogar gerade Markt? Auch der **Rieger-Park** (siehe S. 207) mit schöner Aussicht und zwei Biergärten ist nur 20 (sehr schöne) Gehminuten entfernt.

IN VINO VERITAS BEIM GROSSSTADTWINZER

EINE WEINPROBE
IM GRÉBOVKA-WEINKELLER

<--VINOHRADY

T JANA MASARYKA

GRÉBOVKA
České zemské víno

+ + + S T E C K B R I E F + + +

WO? IM ÖSTLICHEN TEIL DER HAVLÍČEK-GÄRTEN
(HAVLÍČKOVY SADY) +++ TRAM 13/22 JANA MA-
SARYKA +++ WANN? FREITAGS 14-22 UHR + + +
TEL. 774 803 293 +++ SKLEPGREBOVKA.CZ +++
WIE LANGE? CA. 1.5 STUNDEN +++ WICHTIG! DIE
WINZEREI IST NICHT ZU VERWECHSELN MIT DER
EDLEN WEINSTUBE VINIČNÍ ALTÁN +++ WIE VIEL?
EIN GLAS WEIN KOSTET 45 KRONEN +++

AM EINGANG zum Havlíček-Park gibt meine Navigations-App auf. Es geht einen steilen Hang hinunter, an der Villa Gröbe, einem Café und der edlen Weinstube Viniční Altán vorbei. Aber wo mag die Winzerei sein? Die Grébovka, wie die Prager sie nennen. »Keine Ahnung«, sagen die Vorbeigehenden. Oder: »Ach ja, ich hab schon mal davon gehört ...« Und: »Irgendwo da unten.« Offenbar ist ein Besuch in der städtischen Winzerei-Werkstatt immer noch ein echter Geheimtipp. Endlich stehe ich vor einem flachen, runden Gebäude, das sich wie ein Bunker in den Weinberg drückt. Kühl ist es drinnen, auch optisch: Ein schlauchartiges Gewölbe, 15 fröstelnde Gäste an zwei langen Biertischen, hinter Glasscheiben die Winzeranlage und am Kopfende eine Bar. Das also ist die neue Experimentierstube für eine sehr alte Prager Tradition: Weinbau mitten in der Stadt.

SCHON UNTER KARL IV. gab es die Vršovicer Weinberge. Im 17. Jahrhunderts ließ sich der Magnat Moritz Gröbe hier seinen Familiensitz bauen. Unter den Sozialisten verkamen die Stauden. Erst 1993 wurde Antonín Tureček von der Stadt beauftragt, den historischen Weinberg zu restaurieren. Rund 1,6 Hektar traditionelle Reben, dazwischen schmuggelte er aus Neugier ein paar ungewöhnlichere Sorten, wie M15-86, die »Modravina« (Blauwein) heißen sollte. Heute betreibt sein Schwiegersohn Pavel Bulánek die Experimentierstube. Jeden Freitagnachmittag kann man verkosten, was gerade fertig gereift ist.

Vier Weine sind heute im Ausschank. »Womit fangen wir an?«, fragt mich Zdeněk Mňuk, Buláneks Mitarbeiter. Mit dem Müller Thurgau! Der ist in Tschechien weit verbreitet und sozusagen die Nummer sicher. Wir trinken gemeinsam an der Theke. Zdeněk schwenkt das Glas, riecht, schmeckt, erklärt den Wein. Zwei Gäste gesellen sich dazu. Es wird gefachsimpelt, gelacht, vor allem probiert. Und noch mal probiert. Als Nächstes ist der Hibernal dran. Diese Traube, erklärt Zdeněk, ist besonders kälteresistent und deshalb eigentlich ideal für Mitteleuropa. Schwenken, riechen, trinken – schmeckt tatsächlich noch besser.

EIN MANN mit einer Plastikflasche kommt herein. Man kennt sich. Vilém ist ebenfalls stolzer »urban wine gardener« und will Zdenĕks und unsere Meinung zum letzten Selbstgekelterten hören. Zdenĕk gibt bereitwillig Tipps, wie aus dem scheußlichen Gebräu doch noch ein Wein werden kann. Als Angestellte der Stadt haben er und sein Chef keinerlei Angst vor der Konkurrenz. Im Gegenteil. Der Gröbovka-Weinkeller ist eine Art Infobörse für Hobbywinzer. Ein Nachbarschaftstreff. Definitiv Prags ungewöhnlichste Weinstube.

Als Letztes schenkt Zdenĕk einen Blauen Portugiesen ein. Er bittet schon vorab um Nachsicht: Das Prager Klima ist nicht ideal für Rotwein. Tatsächlich, die dunkelrote Flüssigkeit belegt unangenehm bitter die Zunge, da hilft auch kein Extra-Schwenken. Ich kehre lieber zum Weißwein zurück. Den finde ich schon immer besser. Man rät mir, zwei Flaschen mitzunehmen, denn der diesjährige Hibernal ist beim nächsten Besuch garantiert längst ausverkauft. Als ich leicht beschwipst aufbreche, sagt Zdenĕk: »Bis demnächst.« Und das klingt sehr selbstverständlich.

WENN MAN SCHON MAL HIER IST:

Es lohnt sich, dem **Havlíček-Park** □→ auch ohne Navigations-App einen Spaziergang zu widmen. Moritz Gröbe ließ die steile Parkanlage am früheren Weinberg nach italienischem Vorbild anlegen, mit künstlichem Wasserfall, Spielpavillon und Grotte. Für Feierlustige: Von hier ist es nicht weit zur Party-Straße **Krymska** (siehe S. 208).

WENN MAN SCHON MAL IN VINOHRADY UND VRŠOVICE IST

+++ SEHEN +++
+++ ESSEN +++
+++ AUSGEHEN +++
+++ SHOPPEN +++
+++ SCHLAFEN +++

HERZ-JESU-KIRCHE (KOSTEL NEJSVĚTĚJŠÍHO SRDCE PÁNĚ)

Die »Kirche des heiligsten Herzens des Herrn«, einfacher auch Herz-Jesu-Kirche genannt, ist innen wie außen sehr ungewöhnlich. Die Arche Noah soll Vorbild gewesen sein. Der slowenische Architekt Jože Plečnik verarbeitete 1928 bis 1932 allerlei antike Elemente. Besonders auffallend sind die sehr hoch angesetzten Fenster und die gläserne Uhr an beiden Seiten des Turms. Der ist übrigens mit 42 Metern genauso hoch, wie das Kirchenschiff lang ist.

+++ VINOHRADSKÁ 70 +++ METRO A JIŘÍHO Z PODĚBRAD +++

←□ HUS HAUS
(HUSŮV SBOR)

Das konstruktivistische Gebäude der hussitischen Kirche aus dem Jahr 1930 ist ein echter Blickfang. Wie ein warnender Finger Gottes ragt der luftige Glockenturm aus einem Stahlskelett 26 Meter in die Luft – sechs Stockwerke, die man auf einer Wendeltreppe in der Mitte hochlaufen kann. Obenauf sitzt ein Kupferkelch als Symbol für die Hussiten. Der Gebetsraum ist ebenso spektakulär: Der Altar liegt tiefer und ist wie in einem Amphitheater von allen fast 300 Plätzen aus zu sehen.

+++ DYKOVA 1 +++ TRAM 1/10/11/16/21 VINO-HRADSKÁ VODÁRNA +++

RIEGER-PARK
(RIEGROVY SADY)

Früher wurde an den steilen Hängen Wein angebaut, aber mit der Urbanisierung Vinohradys tauchte auch der Park im Bebauungsplan auf. 1904 ließ Leopold Batěk ihn anlegen. Erhalten geblieben sind ein Obelisk von 1840 und ein Aussichtsturm von 1920. Es gibt einen lebendigen Biergarten mit Konzerten oder Fußballübertragungen. Und ein ruhiges Plätzchen mit Aussicht in der Mlíkárna, einem spätklassizistischen Bau mit Terrasse.

+++ RIEGROVY SADY +++ TRAM 11/13 VINOHRADSKÁ TRŽNICE +++

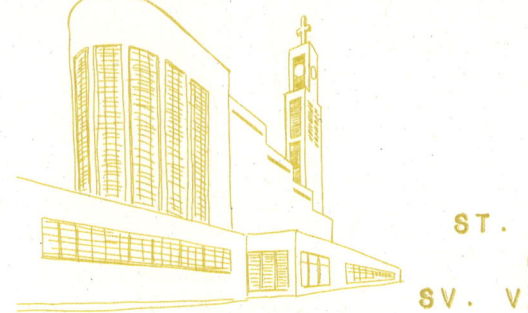

KIRCHE ST. WENZEL (KOSTEL SV. VÁCLAVA)

Josef Gočár, einer der bedeutendsten Architekten der Zwischenkriegszeit und vor allem für seine Kubismus-Häuser berühmt, hat sich 1930 in diesem funktionalistischen Gebäude verewigt. Der quadratische Turm mit Kreuz und Uhr ist 80 Meter hoch. Das Dach empfindet in Stufen den Hang nach, auf dem die Kirche steht. Das Innere ist lichtdurchflutet – das halbrunde Presbyterium eine einzige Fensterfront.

+++ NÁMĚSTÍ SVATOPLUKA ČECHA +++ TRAM 4/22 ČECHOVO NÁMĚSTÍ ODER TRAM 2/4/6/7/21/22/24/27 KOH-I-NOOR +++

KRYMSKÁ-STRASSE

Vormittags muss sie sich noch erholen, ab dem Mittag wacht die Krymská-Straße langsam auf und wird von Stunde zu Stunde belebter. In der steil abfallenden Gasse gibt es nette Restaurants, tolle Bars und individuelle Geschäfte. Im Café v Lese (siehe S. 210), im Club Sběrné suroviny, im Café Sladkovský (siehe S. 209) oder sonst wo läuft eigentlich immer irgendein Konzert, eine Lesung oder Debatte.

+++ KRYMSKÁ 2 +++ TRAM 4/22 KRYMSKÁ ODER RUSKÁ +++

VINOHRADSKÝ PIVOVAR

Eine der bei Pragern beliebtesten Brauereien. Das Bier schmeckt hervorragend, und die böhmische Küche ist sehr gut und günstig. Gemütlich ist das etwas steril wirkende Kellergewölbe allerdings nicht.

+++ KORUNNÍ 106 +++ TRAM 10/16 PERUNOVÁ +++ 222 760 080 +++ VINOHRADSKYPIVOVAR.CZ +++ TÄGL. 11-0 UHR +++

ZVONAŘKA

Der Biergarten der Zvonařka hat so eine abgefahren schöne Aussicht über das Nusle-Tal, dass das Essen direkt noch besser schmeckt. Im Sommer wird auf der Terrasse gegrillt – vor allem die Steaks (zwischen 360 und 395 Kronen) sind empfehlenswert.

+++ ŠAFAŘÍKOVA 1 +++ TRAM 6/11 BRUSELSKÁ +++ 224 251 990 +++ RESTAURACEZVONARKA.CZ +++ MO-DO 11.30-0 UHR. FR 11.30-1 UHR. SA 12-0 UHR. SO 12-23 UHR +++

FINE DISH BURGER

Gute Burger gibt es im Moment in Prag an jeder Ecke, aber diese sind wirklich originell – auch mal mit Olmützer Quargel (Sauermilchkäse) oder Portobello-Pilzen.

+++ ŘÍMSKÁ 29 +++ METRO A NÁMĚSTÍ MÍRU +++ 222 511 032 +++ DISH.CZ +++ MO-SA 11-22 UHR. SO 12-22 UHR +++

CAFÉ SLADKOVSKÝ □→

Eine Institution in Vršovice! In dem Kaffeehaus gibt es den ganzen Tag über leckere Dinge: Frühstück, selbst gebackene Kuchen, abends exzellente Burger.

SEVASTOPOLSKÁ 17 +++ TRAM 4/13/17/22 KRYMSKÁ +++ 776 772 478 +++ CAFESLADKOVSKY.CZ +++ MO 16-1 UHR. DI-SO 11-1 UHR. JULI/AUG. TÄGL. AB 16 UHR +++

7

LE CLAN

Wenn draußen schon die Vögel zwitschern, fängt es im Le Clan gerade an, interessant zu werden. Schummriges Licht, plüschige Sofas – und die besten DJs der Stadt legen auf.

+++ BALBÍNOVA 23 +++ METRO A/C MUZEUM +++ LECLAN.CZ +++ DO-SO AB 23.30 UHR +++

CAFÉ V LESE

Das »Café im Wald« im Retrostil der 70er-Jahre ist das Epizentrum der Krymská-Straße. Mit Konzerten, Theater oder ab und zu Quizabenden.

+++ KRYMSKÁ 12 +++ TRAM 4/13/17/22 KRYMSKÁ +++ 720 410 703 +++ CAFEVLESE.CZ +++ MO-SA 16-2 UHR. SO 16-0 UHR +++

+ + + + + + + + + + + + **SHOPPEN** + + + + + + + + + + + +

PAVILON

1903 eröffnete hier die erste Markthalle in Vinohrady. Heute findet man im Pavilon Designerläden wie Stockist oder Modernista. Besonders kultig sind die Fahrräder von Favorit, einer Firma, die schon 1801 im westböhmi-schen Rokycany gegründet wurde.

+++ VINOHRADSKÁ 50 +++ TRAM 11/13 VINO-HRADSKÁ TRŽNICE +++ MO-FR 10-19.30 UHR. SA 10-18 UHR +++

XAOXAX

Das etwas andere Mitbringsel: Comics, Comics, Comics. Es gibt auch Workshops und wechselnde Ausstellungen. Man spricht Englisch.

+++ KRYMSKÁ 29 +++ TRAM 4/13/17/22 KRYMSKÁ +++ XAOXAX.CZ +++ DI-FR 14-19 UHR. SA 11-17 UHR +++

+ +

CZECH INN

Sehr schickes, gut ausgestattetes Hostel und ideal gelegen, um sowohl Vinohrady als auch Vršovice zu erkunden. Es gibt Doppelzimmer mit Bad (um die 80 Euro) ebenso wie riesige Schlafsäle (Bett um die 12 Euro). In der Bar im Keller – weit genug weg von den Schlafräumen – wird oft bis in die Morgenstunden gefeiert.

+++ FRANCOUZSKÁ 78 +++ TRAM 4/13/17/22 KRYMSKÁ +++ 267 267 600 +++ CZECH-INN.COM +++

HOTEL ANNA

Nettes kleines Drei-Sterne-Hotel in einem Jugendstilhaus. Solide, sauber, mit freundlichem Service und mit fairen Preisen um die 75 Euro pro Doppelzimmer. Frühstück gibt es in einem Wintergarten zum Innenhof raus, im Sommer kann man auch draußen sitzen.

+++ BUDEČSKÁ 17 +++ METRO A NAMĚSTÍ MÍRU +++ 222 513 111 +++ HOTELANNA.CZ +++

7

8

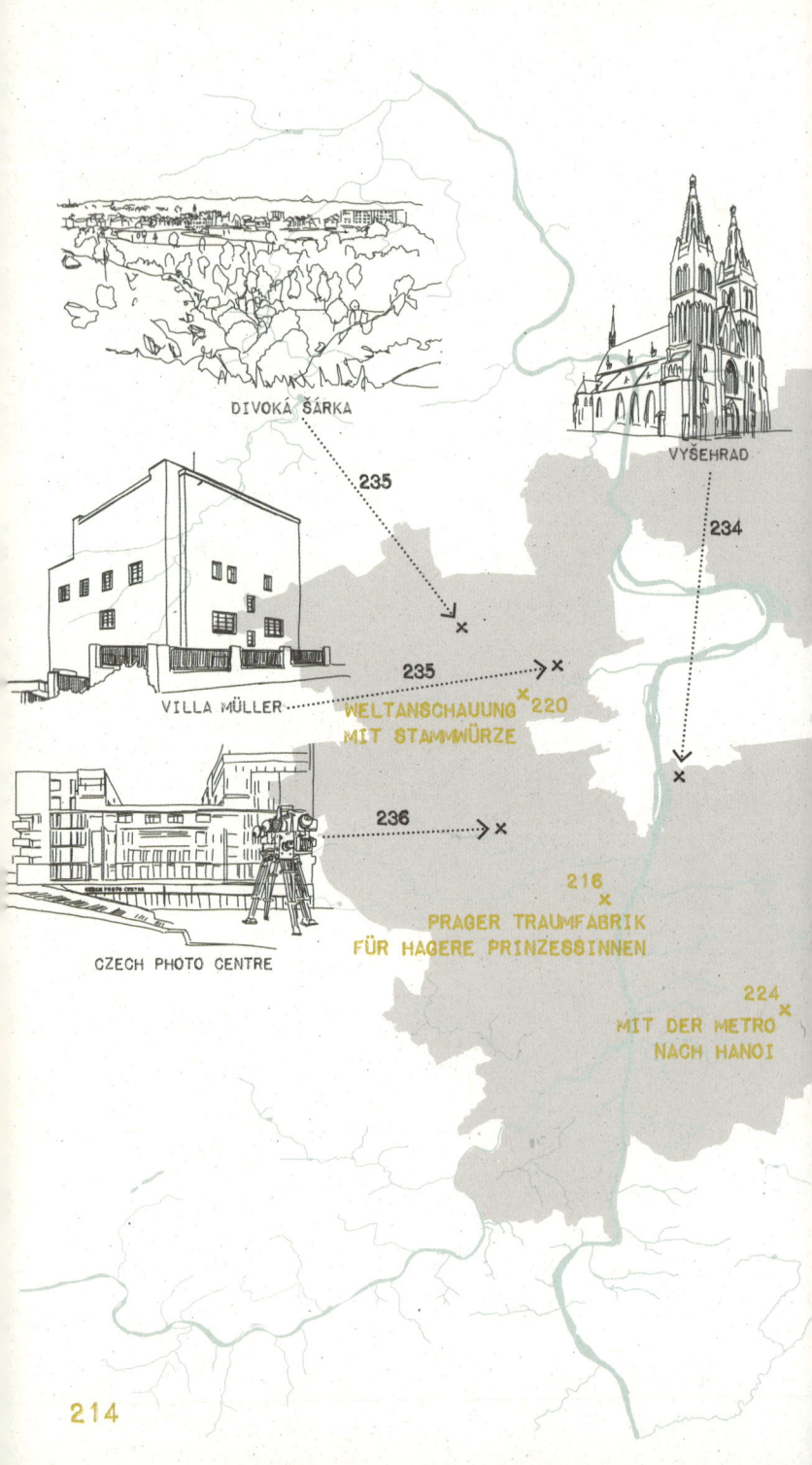

DIVOKÁ ŠÁRKA

VYŠEHRAD

235

234

VILLA MÜLLER

235

WELTANSCHAUUNG 220
MIT STAMMWÜRZE

CZECH PHOTO CENTRE

236

216
PRAGER TRAUMFABRIK
FÜR HAGERE PRINZESSINNEN

224
MIT DER METRO
NACH HANOI

WÄHREND DAS PRAGER ZENTRUM an fast allen Ecken blank poliert glänzt, haben die Außenbezirke oft einen eher grauen, leicht maroden Charme. Lange Zeit hatte man den Eindruck, die Bewohner selbst würden vor dieser Tristesse in ihre Wochenendhäuschen fliehen. Aber seit ein paar Jahren entdecken die Prager ihre Kieze. Überall entstehen Märkte, gute Restaurants, Biergärten und Brauereien. Oder spannende Kulturprojekte.

228
× SCHÖNES SHABBY
OHNE CHIC

236 ×
SCHLOSSPARK
PRŮHONICE

PRAGER TRAUMFABRIK FÜR HAGERE PRINZESSINNEN

EINE FÜHRUNG DURCH DIE BARRANDOV FILMSTUDIOS

+ + + S T E C K B R I E F + + +

WO? KŘÍŽENECKÉHO NÁMĚSTÍ 5. BARRANDOV +++ METRO B SMÍCHOVSKÉ NÁDAŽÍ. DANN BUS 105 BIS STATION FILMOVÉ ATELIÉRY +++ WANN? NACH ABSPRACHE +++ TEL. 267 071 122 ODER PROHLIDKY@BARRANDOV.CZ +++ BARRANDOV.CZ +++ WIE LANGE? ETWA 2 STUNDEN +++ WICHTIG! RECHTZEITIG KONTAKT AUFNEHMEN. DENN DIE FÜHRUNG KOMMT NUR ZUSTANDE. WENN SICH 10 LEUTE ANMELDEN +++ WIE VIEL? 120 KRONEN NUR FÜR DAS MUSEUM. FÜHRUNGEN AB 10 PERSONEN FÜR JEWEILS 165 KRONEN +++

GÜNSTIG. FAMILIENFREUNDLICH

EIN WENIG gleichen die Barrandov-Studios einem Hochsicherheitstrakt. Von der Tramstation K Barrandovu aus lande ich zunächst am falschen Eingang, aber an dem ist kein Hineinkommen. Also laufe ich um das Areal herum zum Kříženeckého náměstí. Dort muss ich an der Rezeption vorsprechen, dann darf ich zu den 17 Studenten aus den USA. Die Tür öffnet sich, Lenka, unsere Führerin für die kommenden zwei Stunden, bittet uns ins Museum. Bevor sie loslegt, gibt sie uns strenge Instruktionen. In der Gruppe zusammenbleiben! Auf der Straße aufpassen! Es passieren viele Unfälle auf dem Gelände, warnt sie, die englischen Filmcrews etwa kämen manchmal mit den Straßenseiten durcheinander. Wichtigste Anweisung: Keine Fotos von Menschen, denen wir begegnen, denn darunter könnten ausländische Filmstars sein!

IHRE LETZTE ANSAGE stößt auf mehr Begeisterung: Wir dürfen alles anfassen, aus- und sogar anprobieren! Der Werktisch im Requisitenraum scheint sich zu biegen unter den schweren Backsteinen und eisernen Ketten. Ein Student hebt eine Axt auf und bricht in Lachen aus: »Alles Fake!« Sie ist federleicht. Das schreckliche Waffenarsenal ist komplett aus Pappe, Silikon oder Schaumstoff.

An den Wänden hängen Fotos von Filmen wie *Drei Haselnüsse für Aschenbrödel* oder *Pan Tau*, die Szenen werden darunter mit Schaufensterpuppen in den Originalkostümen nachgestellt. Die kann man tageweise ausleihen, erzählt Lenka. Und sie plaudert aus dem Nähkästchen: Die Filmschwester von Aschenbrödel war schwanger, alle Kleider mussten geändert werden. Der symbolträchtige Schuh war ihr – wie im Märchen – zu klein, es gab ein Extra-Exemplar.

Im Kleiderarsenal fordert uns Lenka auf, die schönsten Gewänder von der Stange zu nehmen und anzuprobieren. Ein paar Mädchen jubeln und beginnen eine lustige Modenschau. Auch Chad. Der Student stürzt sich sofort auf ein goldenes, pompöses Kleid und zieht es unter Gelächter über die Jeans an. Eine hagere Prinzessin ohne Busen.

BILDER AN DEN WÄNDEN erzählen davon, wie Miloš Havel, ein Onkel von Václav Havel, in den 1930er-Jahren die Studios gründete. Wie sie den Nationalsozialisten und den Kommunisten trotzten. Von ihrer Blütezeit in den 80er-Jahren. Und von den berühmten Gästen. Barbra Streisand, Tom Cruise, Miloš Forman ...

Wir haben heute kein Glück. Keine Stars weit und breit, als wir zu den Studios gehen. Wir wollen zu dem Atelier, das die Nationalsozialisten gebaut haben. Es hat zwei Hallen à 1.000 und eine à 2.000 Quadratmeter, die dünnen Trennwände kann man leicht abbauen: 4.000 Quadratmeter! Der Flur ist scheinbar unendlich. Lenka mahnt uns, mucksmäuschenstill zu sein, wegen der Dreharbeiten im Haus. In der Halle 7 ist alles aus Holz, an den Wänden steht »Nicht rauchen!«. Der Boden kann herausgenommen und darunter Wasser oder Sand aufgefüllt werden. Es gibt elf solcher Ateliers auf 9.248 Quadratmetern, ein Gewirr aus Straßen und Höfen. Als Lenka uns nach zwei Stunden verabschiedet, frage ich nicht mehr nach dem näheren Seitenausgang. Ich würde ihn eh nicht finden.

WENN MAN SCHON MAL HIER IST:

Barrandov ist ein sehr grüner Stadtteil. Direkt vor den Studios liegen die **Barrandov-Felsen** mit den verfallenden, aber spektakulären **Barrandov-Terrassen** □→, rechts das **Naturreservat Homolka**. Darin kann man erwandern: die **Mariannen-Quelle** (Mariánský pramen) vom **Kuchelbad** (Chuchelské lázně), die Kirche **St. Nepomuk** mit Friedhof oder die pittoreske **ehemalige Kalkbrennerei Pacold** (Pacoldova vápenka). Auf der anderen Moldauseite gibt's einen großen **Abenteuerspielplatz** (vltavanu229.cz).

WELTANSCHAUUNG MIT STAMMWÜRZE

FÜNF PRAGER MIKROBRAUEREIEN AN EINEM NACHMITTAG

+ + + S T E C K B R I E F + + +

WO? BEGINN IM KLOSTER BŘEVNOV +++ TRAM 22/25 BŘEVNOVKSÝ KLÁŠTER. ENDE IN VINOHRADY. TRAM 2/ 7/10/11/14/16/21 ORIONKA +++ WANN? BESSER ERST AB DEM NACHMITTAG +++ WIE LANGE? BITTE MINDESTENS 3 STUNDEN ZEIT NEHMEN. DER KOPF DANKT ES +++ WIE VIEL? KOMMT AUF DAS TRAI- NING AN +++

DIE TSCHECHEN BRAUEN das beste Bier, das weiß jedes Kind. Allerdings gehören die großen Brauereien längst ausländischen Firmen. Echte Bierpatrioten vertrauen daher lieber den kleinen Produzenten vor Ort. Mikrobrauereien wachsen seit ein paar Jahren wie Pilze aus dem Boden, 47 finde ich alleine im Prager Stadtgebiet. Fünf Highlights wollen drei Freunde und ich testen. Wir haben unsere Recherche gut, man könnte sagen: bierernst, vorbereitet. Wir haben ausgeschlafen. Eine deftige Suppe zu Mittag gegessen. Uns keiner Gruppe anvertraut – so haben wir mehr Zeit und können jederzeit unterbrechen. Wir sind erst nachmittags losgezogen, gegen den Rat von tschechischen Freunden, die finden, man könne auch morgens um 11 Uhr das erste Bier trinken. Und doch scheitern wir beinahe schon bei der ersten Mikrobrauerei, im St.-Adalbert-Kloster in Břevnov.

WOHLIG FAULENZEN WIR BEI 24 GRAD

im Innenhof des barocken Klosters, dessen Grundmauern aus dem Jahr 993 stammen. Die hauseigene Brauerei gilt – mit Unterbrechung von 1889 bis 2011 – als die älteste der ganzen Republik. 17 % hat das Břevnovské Abbey, allerdings nicht Alkohol, sondern Stammwürze. Mir ist das Trappistenbier doch deutlich zu stark. Susanne und ich halten uns an das helle Benedict mit 12 % Stammwürze, Peter und Karin trinken Weizenbier. Der Biergarten ist vom Stadtlärm abgeschirmt, stattdessen Vogelzwitschern und leises Stimmengewirr. Besser als hier, da sind wir uns absolut sicher, kann ein Bier nicht schmecken! Vielleicht sollten wir einfach bleiben?

Rund eine Stunde und zahllose Argumente später reißen wir uns doch los und fahren mit der Tram 22 nach Strahov. Auch in diesem Kloster wurde schon im Mittelalter gebraut, seit 2001 gibt es das hauseigene Svatý Norbert. Das Bier ist legendär gut. Leider hat sich das offenbar bis weit nach Asien herumgesprochen: Die Terrasse ist rappelvoll, wir müssen in die Braustube ziehen. Sanft, aber bestimmt steigt mir das wunderbar malzige Dunkle in den Kopf. Wie viele Stunden sind eigentlich seit der deftigen Suppe vergangen? Ich esse eine Wurst in Biersauce und hoffe, dass der Alkohol darin verkocht ist.

GENUG DER TRADITION. Zeit für Neues. Für das Loď Pivovar, die Brauerei auf dem Schiff. Wir ergattern einen Platz auf dem Sonnendeck. Dann wird es weltanschaulich. Peter und Susanne entscheiden sich für Monarchie, 13 %. Karin und ich trinken aus Prinzip Republika, 12 %. Einzige Frage: Warum hat die Republik weniger Stammwürze?

Zum Ausnüchtern gehen wir die 20 Minuten zum Dva kohouti zu Fuß. Alle Hipster von Prag scheinen sich heute in der schicken Industrial-Bar mit Betontresen und riesigen Metallbierfässern verabredet zu haben. Wer keinen Sitzplatz hat, trinkt stehend. Die Auswahl fällt leicht: Es gibt ein einziges hauseigenes Bier. Der Spaziergang, merke ich, hat nicht geholfen.

Jetzt haben wir vor allem Hunger. Dafür brechen wir zu unserer letzten Station auf, der Vinohradský pivovar. Das ungefilterte Helle ist süffig, das Stout 17 jedenfalls einzigartig, das APA 12 schmeckt leicht nach Zitrone. Aber eigentlich ist mir das jetzt auch schon egal. Zum Essen, Chickenwings in Honig und Ingwer, bestelle ich mir – endlich! – ein Wasser.

WENN MAN SCHON MAL HIER IST:

Es lohnt sich, das **Benediktinerkloster in Břevnov** ▯→ genauer zu erkunden. Beim Spaziergang durch die Klosterterrassen kommt man an einer kleinen **Kunstgalerie** vorbei. Am Wochenende kann man auch in die **Prälatur** und den **Theresiensaal** des Klosters – sowie in die barocke **Basilika St. Margareta von Antiochia**, die von Christoph Dientzenhofer gestaltet wurde. Sie steht auf den Resten einer frühromanischen Krypta aus dem 11. Jahrhundert.

MIT DER METRO NACH HANOI

STÖBERN AUF TSCHECHIENS GRÖSSTEM VIETNAMESENMARKT

+ + + + S T E C K B R I E F + + +
+++ WO? LIBUŠSKÁ 126, LIBUŠ +++ VON METRO
KAČEROV BUS 113 BIS STATION SÍDLIŠT PÍSNICE
+++ WANN? TÄGLICH 8-18 UHR +++ SAPA-PRAHA.CZ
+++ WIE LANGE? ETWA 2 STUNDEN +++ WIE VIEL?
EINTRITT FREI! +++

AUF DEM REKLAMESCHILD über der gläsernen Eingangstür eines kleinen, schlauchartigen Geschäfts steht »Văn Phong Dịch Vụtông Hop«. Ein paar Kisten stehen herum, zwei Schreibtische mit Computern. Was hier verkauft wird? Keine Ahnung. Es gibt keine tschechische oder englische Übersetzung. Wir befinden uns im Prager Vorort Písnice. Und doch fühlt man sich im Handels- und Kulturzentrum SAPA eher wie mitten in Asien. Ein Geschäft reiht sich an das nächste, alle Schilder und Wandbeschriftungen sind auf Vietnamesisch. Vor allem aber: Nicht nur die Verkäufer, auch die Kunden sind Vietnamesen. Viele sprechen nicht einmal die tschechische Sprache. Zwei Damen schauen ratlos, als ich sie nach dem Weg frage – lieber Englisch, bitte! »Klein Hanoi« nennen die Tschechen ihren größten Vietnamesenmarkt am Rande der Stadt.

VIETNAMESEN wurden in der Sowjetzeit als »Vertragsarbeiter« angeworben, vergleichbar unseren Gastarbeitern. Nach der Samtenen Revolution wurde ihnen 1989 erlaubt zu bleiben. Arbeit mussten sie sich allerdings selbst schaffen, und so entstanden überall in der Stadt vietnamesische Gemüsegeschäfte, Spätkauf-Kioske und mittlerweile Cafés und Restaurants. Vietnamesenmärkte gibt es gleich mehrere. SAPA aber ist anders. Er versorgt die vietnamesischen Restaurants und Geschäfte mit Waren. Das Gelände des ehemaligen Schlachthofs ist 35 Hektar groß, 7.000 Unternehmen sind ansässig. Wer sich in Prag für frische asiatische Lebensmittel interessiert, der kennt SAPA.

Schön ist es nicht in »Klein Hanoi«, eher quadratisch praktisch. Überall stoße ich auf große Haufen von Verpackungsmüll. Kein Asia-Kitsch und keine verkaufsfördernde Musik.

Ich laufe an riesigen Hallen mit Waren vorbei, aber auch an Arztpraxen, Sprachschulen, Schönheitssalons, Anwaltskanzleien, sogar an einem Kindergarten. Die Kleinen spielen erstaunlich ruhig im Garten vor dem Haus. Einziges Schmuckstück ist der bunte buddhistische Tempel, der mit vielen Blumen dekoriert ist.

NACHDEM ICH MIR einen Überblick verschafft habe, stürze ich mich endlich neugierig in das Warenlabyrinth. Händler blicken mir entgegen, eine ältere Dame schläft auf einem Sofa, ein Kind saust jauchzend auf einem Dreirad durch die schmalen Gänge. Links und rechts türmen sich Schuhe, Kleider und Elektrogeräte. Die Wasserschuhe mit den lustig bunt umrandeten Löchern kosten unfassbare drei Euro – allerdings drängt mich die Verkäuferin, gleich den ganzen Karton mit 36 Paaren zu kaufen. Eine Vietnamesin bietet mir ein Desigual-Kleid an, fast originalgetreu und deshalb teuer, wie sie erklärt: rund 20 Euro, auf Verhandlungsbasis. Da kann ich nicht widerstehen. Dem tschechischen Ehepaar vor mir geht es offenbar ähnlich. Der Mann trägt einen prall gefüllten Plastiksack auf dem Rücken.

Zeit, etwas zu essen. Es riecht überall gut, und die vielen Lokale sind alle voll. Täglich bis zu 10.000 Besucher vermeldet das SAPA – und sie alle scheinen gerade Hunger zu haben. Hier funktioniert die Integration hervorragend, das Publikum ist gemischt. Diesmal komme ich auch mit meinem Tschechisch durch: Die Bedienung ist eine Einheimische.

WENN MAN SCHON MAL HIER IST:

Für das ausgezeichnete, original vietnamesische Essen im Restaurant **Dong Do** □→ (Libušská 126) kommen die Tschechen sogar extra aus der Stadt gereist. Es hat einen günstigen Mittagstisch.

Wer nach dem Shoppen eher Lust auf etwas Besinnliches hat, sollte in dem kleinen **buddhistischen Tempel** vorbeischauen. Dort sitzt man übrigens auf dem Boden – die winzigen Hocker sind Ablagen für die Gebetbücher.

SCHÖNES SHABBY
OHNE CHIC

EIN BESUCH IN
DER KULTURBRACHE PRAGOVKA

+ + + S T E C K B R I E F + + +
WO? KOLBENOVA 34 A . VYSOČANY +++ METRO B KOL-
BENOVA +++ WANN? KEINE FESTEN ÖFFNUNGSZEITEN,
ABER DIE BAR SCHLIESST UM 22 UHR +++ TEL. 266
315 944 +++ PRAGOVKA.COM +++ WIE LANGE? ETWA
2 STUNDEN +++ WIE VIEL? EINTRITT FREI! +++

»STAUBGRAU« IST DAS WORT, das
mir in den Sinn kommt, als ich aus der Metrostation Kolbenova trete. Autos haben den Dreck der breiten Ausfall-
straße auf den Bürgersteig und die Fassaden gewirbelt.
Links, rechts, gegenüber – überall schäbige Industriean-
lagen und heruntergekommene Brachen. Vysočany war
früher ein (bewohntes) Industriegebiet. Nach 1989 gin-
gen die meisten Firmen pleite. Laufkundschaft gibt es auf
dieser Straße garantiert keine. Ich begegne jedenfalls niemandem, komme aber trotzdem an ein paar Geschäften
vorbei. Dann stehe ich vor dem Gelände des ehemaligen
Lastwagenwerks Praga. »Pragovka« steht in Metall gefräst
über dem Eingang, der mittlerweile für jedermann offen
ist. Die Pragovka dient gewissermaßen als Spielplatz der
Kunstszene, ein nichtkommerzieller Raum für Konzerte,
Performances, eine kollaborative Werkstatt für etablierte
und noch zu etablierende Künstler.

ABSEITS
VOM SCHUSS

ICH GEHE AN einem weißen Praga-Lkw vorbei, rechts von mir liegt das E-förmige Gebäude, mit den drei Ausläufern zu mir hin. »Dreamland welcomes you« hat jemand auf eine riesige Leinwand neben einem hohen Schornstein gesprüht. Auf einer anderen reiten nackte Kinder auf Einhörnern. Ja, das muss ein Paradies für Künstler sein!

Seit 2014 hat die kreative Szene Prags die Brache nach und nach okkupiert – hier ein Konzert, da eine Ausstellung. Mittlerweile haben sich 70 Künstler ihre Werkstätten hier eingerichtet. Einmal jährlich findet das Kreativfestival Kolben-open statt. Und es gibt immer neue, spannende Ausstellungen zu sehen.

Im Kafe Pragovka zeigt mir die Kellnerin den unauffälligen Eingang in das große E, eine geöffnete Tür, dahinter ein Treppenhaus aus Beton und Stahl. Auf dem Vordach liegt ein fetter, glatzköpfiger Mann aus Keramik und schaut mir gleichgültig zu, wie ich das Gebäude betrete.

Innen herrscht Shabby ohne Chic. Abgeblätterter Putz, rostende Treppengeländer, Kabel und Rohre auf die Wände installiert. Dafür hängen Kunstobjekte in den Fenstern, Bilder sind direkt auf den Putz gemalt, mitten im Treppenhaus gibt es eine kleine Sitzecke mit ein paar Pflanzen.

ICH BEWEGE MICH DURCH lange, fensterlose Gänge und leer stehende Hallen mit deckenhohen Metallsprossenfenstern. Lange begegne ich niemandem, fühle mich, als müsste ich jeden Moment entdeckt und hinausgeworfen werden. Aber im Gegenteil: Hinter einer offenen Tür sitzt die Künstlerin Eliška Fialová bei der Ausstellung *Nur ein Mittel, nicht zu sagen, was ich wirklich will* und freut sich über den Besuch. Hinter einer anderen werde ich freundlich in einem Schneideratelier begrüßt. Ich stoße auf die mit Cyanotypie-Technik bearbeiteten Brennnessel-Leinwände von Rasmus Johannsen, die er nachts im Berliner Park Humboldthain vom Mond belichten lässt.

Neugierig streune ich rund zwei Stunden kreuz und quer durch Gebäude und Gelände, spinkse durch eingeschlagene Scheiben, klettere auf Schutthaufen, beobachte zwei Jungs beim Parkour, trinke einen Cocktail in der Brachen-Beach-Bar mit Kabelrollen-Tischen. Am Ende habe ich eines begriffen: Die Pragovka ist wunderbar staubig. Aber sie ist alles andere als grau!

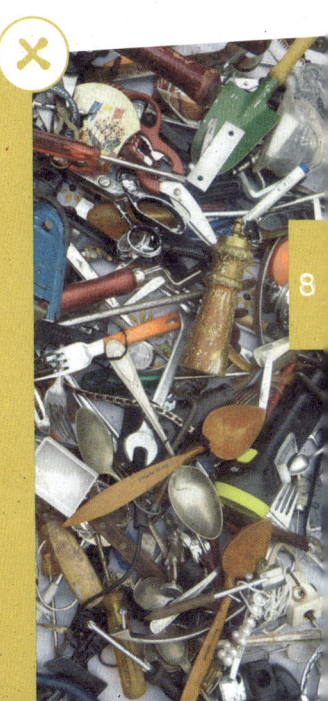

WENN MAN SCHON MAL HIER IST:

Hartgesottene können die Kolbenova-Straße – wenige Meter weiter heißt sie **Sokolovská** – zu Fuß bis nach Karlín hinunterlaufen und beobachten, wie sich das Straßenbild von Meter zu Meter aufhellt. Am Wochenende sollte man sich gegenüber der Metrostation Kolbenova Tschechiens größten **Flohmarkt** ▭→ (Adresse U Elektry) nicht entgehen lassen. Auf dem ehemaligen Fabrikgelände kann man alles kaufen: Antiquitäten, Kuriositäten, jede Menge Ramsch und sogar Autoteile.

WENN MAN
SCHON MAL
ABSEITS VOM
SCHUSS IST

+++ SEHEN +++
+++ ESSEN +++
+++ AUSGEHEN +++
+++ SHOPPEN +++
+++ SCHLAFEN +++

8

VYŠEHRAD

Der Burgwall auf dem Felsen über der Moldau wurde nur sehr kurzfristig als Residenz der böhmischen Könige genutzt. Heute ist der Park auf dem Gipfel vor allem bei Spaziergängern beliebt. Das Glockenspiel der neugotischen Kirche **St. Peter und Paul** ist noch schöner als am Altstädter Rathaus. Auf dem **Friedhof**, geschaffen 1870, sind Antonin Dvořák, Bedřich Smetana und andere »Stars« begraben. Der Legende nach soll Fürstin Libuše von diesem Felsvorsprung aus – mit tollem Weitblick auf die zukünftige Stadt – die große Zukunft Prags vorausgesagt haben.
+++ V PEVNOSTI 5B. VYŠEHRAD +++ METRO VYŠEHRAD +++ PRAHA-VYSEHRAD.CZ +++

VILLA MÜLLER

Sie ist die große, funktionalistische Schwester der Villa Winternitz (siehe S. 96). Der luftige weiße Würfel wurde 1928–30 von Adolf Loos und Karel Lhota streng nach Loos' »Raumplan« gebaut: Die Räume sind nach Funktion angeordnet, selbst die Farbgebung und der umliegende Garten wurden danach konzipiert. Alles ohne jegliche Ornamentik, versteht sich, die hielt Loos für ein Verbrechen.

+++ NAD HRADNÍM VODOJEMEM 14, STŘEŠOVICE +++ TRAM 1/2 OŘECHOVKA +++ FÜHRUNGEN AUF DEUTSCH ODER ENGLISCH NACH TELEFONISCHER ABSPRACHE ODER AUF DER WEBSITE NACHSEHEN +++ 224 312 012 +++ MUZEUMPRAHY.CZ/MULLEROVA-VILA +++ ANMELDUNG ERFORDERLICH! +++

DIVOKÁ ŠÁRKA

Die »wilde« Šárka ist eine echte Wildnis. 20 Hektar grüne Hochplateaus, dramatische Schluchten, steile Felsen; vom höchsten, dem **Dívčí skok** (Jungfernsprung), soll sich die Namensgeberin, die böhmische Amazone Šárka, in den Tod gestürzt haben. Der **Stausee** und ein **Naturschwimmbad** sind im Sommer regelmäßig überfüllt. Aber im 20 Hektar großen Naturschutzgebiet haben Sie genug Möglichkeiten, dem auszuweichen.

+++ TRAM 20/26 DIVOKÁ ŠÁRKA +++ KOSTENLOS +++

8

← □

CZECH PHOTO CENTRE

Ein Muss für alle, die die tschechische Fotografie lieben und neue Trends kennenlernen wollen. 2016 eröffneten die Veranstalter des jährlichen, renommierten Wettbewerbs »Czech Press Photo« dieses multifunktionale Zentrum mit Ausstellungsräumen, Werkstätten und einem guten Restaurant. Eine spektakuläre Kamera-Skulptur von David Černý sorgt dafür, dass Sie es nicht verfehlen können.

+++ SEYDLEROVA 4. NOVÉ BUTOVICE +++ METRO B NOVÉ BUTOVICE +++ CZECHPHOTO.ORG +++ DI–SO 11–18 UHR +++

SCHLOSSPARK PRŮHONICE

Besonders, wenn der Rhododendron blüht, gleicht der englische Landschaftsgarten einem Märchenland. Ab 1885 wurde er über mehrere Jahrzehnte angelegt. Die 250 Hektar mit Tausenden von unterschiedlichen, vielfach seltenen Gewächsen, durchzogen vom Fluss Botič, mit mehreren Teichen, einem Rosarium, einem Alpinum und vielem mehr sind Weltkulturerbe der UNESCO. In der Zeit der Romanik wurde das Schloss gebaut, jedoch ständig umgestaltet – zu Gotik, Renaissance, Empirestil und 1894 zur heutigen Form, einer Art tschechischer Neorenaissance. Es ist leider nicht zugänglich.

+++ PRŮHONICE +++ METRO C OPATOVA. DANN BUS 385/363 PRŮHONICE HÁJOVNA +++ PRUHONICKY PARK.CZ +++ 80 KRONEN. ERM. 50 KRONEN +++

ÚNĚTICKÝ PIVOVAR ⊏→

Das Bier aus Únětice ist Kult bei Pragern. Seit 2011 produziert die 1710 gegründete Brauerei wieder und ist ein beliebtes Ausflugsziel. Spezialität: Wildfleisch.

+++ RÝZNEROVA 19. ÚNĚTICE +++ METRO A DEJVICKA. DANN BUS 355 NA PARCELACH IN ÚNĚTICE +++ 220 515 687 +++ UNETICKYPIVOVAR.CZ +++ MO-DO 11-22 UHR. FR/SA 11-23 UHR. SO 11-21 UHR +++

ZLÝ ČASY

Aus 48 Zapfhähnen fließt hier das Bier von mährischen und böhmischen Brauereien. Dazu gibt's für kleine Preise Putensteaks, Kohlsuppe und Co.

+++ ESTMÍROVA 5. NUSLE +++ TRAM 2/3/4/5/11/ 12/14/16/17/18/20/21/25 NÁMĚSTÍ BRATŘÍ SYNKU +++ 723 339 995 +++ ZLYCASY.EU +++ MO-DO 14-23.30 UHR. FR 14-1 UHR. SA 17-1 UHR. SO 17-23.30 UHR +++

U BANSETHU A BAŠTA

Ein Urahn der Familie Bašta gründete 1911 dieses Restaurant mit Brauerei. Gulasch aus Entenherzen: 99 Kronen. Für Trinkfreudige aussagekräftig: Jaroslav Hašek war Stammgast!

+++ TÁBORSKÁ 49. NUSLE +++ TRAM 2/3/4/5/12/ 14/16/17/18/20/21 NUSELSKÁ RADNICE +++ 261 222 530 +++ UBANSETHU.CZ +++ TÄGL. 11-0 UHR +++

HLINĚNÁ BAŠTA

Entenpastete mit Feigen, gebratenes Zicklein oder Hirschrücken auf Pflaumensauce – die Küche ist herausragend (Hauptgerichte 365–595 Kronen). Mit Terrasse auf einem Fischteich im Grünen.

+++ ÚJEZDSKÁ ULICE 619. PRŮHONICE +++ VON METRO C OPATOVA BUS 385/363 PRŮHONICE HOLE +++ 272 690 700 +++ HLINENABASTA.CZ +++ TÄGL. 11-0 UHR +++

8

+ + + + + + + + + + + + **AUSGEHEN** + + + + + + + + + + + +

KLUB STRAHOV 007

Wurde 1969 im Studentenwohnheim Strahov gegründet und ist bis heute der ultimative Underground-Hotspot. Mit illustren Gästen wie Jello Biafra, dem ehemaligem Leadsänger der *Dead Kennedys*, oder den *Black Lips*.

+++ CHALOUPECKÉHO 7. STRAHOV +++ METRO C ANDĚL. WEITER MIT BUS 191 BIS STATION STADION STRAHOV. NACHTS ZURÜCK MIT BUS 510 +++ KLUB007STRAHOV.CZ +++

ŽLUTÉ LÁZNĚ

Der »Gelbe Strand« ist Prags Mallorca an der Moldau. Sand, Plätze für Tischtennis, Beachvolleyball oder Boule. Und an jeder Ecke Bier oder Cocktails.

+++ PODOLSKÉ NÁBŘEŽÍ 1184 . PODOLÍ +++ TRAM 2/3/17/21 DVORCE +++ ZLUTELAZNE.CZ +++ EINTRITT 50 KRONEN. KINDER FREI +++

+ + + + + + + + + + + + **SHOPPEN** + + + + + + + + + + + +

OBCHŮDEK BORŮVKA

Im »Blaubeerlädchen« gibt es Tassen, Taschen, alle möglichen Souvenirs, designt und hergestellt von Menschen mit Behinderung.

+++ V PEVNOSTI 4 . VYŠEHRAD +++ METRO C VYŠEHRAD +++ BORUVKAPRAHA.CZ +++ TÄGL. 10-13.30 UND 14-17 UHR +++

BOTANICUS

Vor allem für Kinder und Mittelalterfans ein schöner Ausflug in vergangene Zeiten. Man kann Papier schöpfen, Kerzen ziehen, Holz schnitzen ... und alle Botanicus-Produkte kaufen.

+++ OSTRÁ 8. LYSÁ NAD LABEM +++ VOM MASARÝKOVO NÁDRAŽÍ FAHREN DIREKTZÜGE NACH OSTRA (RICHTUNG LYSÁ NAD LABEM) +++ BOTANICUS.CZ +++ DI-FR 9-16 UHR. WOCHENENDE UND FEIERTAGS 9-17 UHR +++ EINTRITT 99 KRONEN. KINDER 60 KRONEN +++

+ + + + + + + + + + + ## SCHLAFEN + + + + + + + + + + + +

CHATEAU ST. HAVEL

Elegantes Wellnesshotel mit vier Sternen und exzellentem Restaurant mit Wintergarten in einem neugotischen Schloss – gelegen in einem englischen Park mit zwei Seen und einem Golfplatz. Zum Zentrum sind es ca. 30 Minuten. DZ etwa 150 Euro.

+++ PŘED NÁDRAŽÍM 6. KRČ +++ METRO C BUDĚJOVICKÁ. DANN BUS 121 BIS STATION NÁDRAŽÍ KRČ +++ 241 445 717 +++ CHATEAUHOTEL.CZ +++

U ŠEMÍKA

Gediegenes kleines 3-Sterne-Hotel mit Blick auf die Kirche St. Peter und Paul auf Vyšehrad (siehe S. 234). Bietet Bootstouren mit eigenem Koch an. Im Winter isst man im Bibliotheksgewölbe mit offenem Kamin, im Sommer in einem romantischen Garten. DZ um 90 Euro.

+++ VRATISLAVOVA 36. VYŠEHRAD +++ TRAM 2/3/4/5/7/12/14/16/17/20/21 ALBERTOV +++ 221 965 637 +++ USEMIKA.CZ +++

8

DANKE: MEIN GANZ BESONDERER DANK GILT KAROLINA VRÁNKOVÁ. TÍNEK. SAMÍK UND DAN FÜR IHRE IMMER OFFENE TÜR UND IHRE TATKRÄFTIGE UNTERSTÜTZUNG – FÜR DIE LUSTIGSTEN BRAINSTORMINGS. DIE LECKERSTEN MAHLZEITEN UND DIE SCHÖNSTEN GEMEINSAMEN STADTABENTEUER. EBENSO DEN »PRAG-PROFIS« MICHAEL BUSSMANN UND GABRIELE TRÖGER. DIE IMMER EIN OFFENES OHR FÜR MEINE FRAGEN HATTEN UND MICH MIT IDEEN UND FAKTENWISSEN BERATEN HABEN. DANKE AUCH AN YSBRAND BROUWERS FÜR DAS BESTE ALLER REISEGEFÄHRTE. DEN CAMPER LOTTE.

FOTOS: Alle von Renate Zöller, außer: Coverfoto: Vladimir Sazonov; 44/45, 48/49: Corrupt Tours; 47: Botanická zahrada; 99: Karolína Vránková; 143: Jirka DI – Vlastní dílo, CC BY-SA 4.0; 175: U vystřeleného oka; 219: Jan Suchy; 227: Restaurant Dong Do; 239: Únětický pivovar; Cover/hintere Innenklappe (2): Alex Lipp

IMPRESSUM: Text und Recherche: Renate Zöller; Herausgeberschaft und Redaktion: Matthias Kröner; grafisches Konzept, Layout und Covergestaltung: Berit Kröner; Illustrationen: Mirja Schellbach; Lektorat: Dr. Felicitas Igel; Korrektorat: Eva Wagner; Druck: Westermann Druck Zwickau GmbH

ISBN 978-3-95654-827-7